A ROSA E A CABALA

A ROSA E A CABALA

POR

BENITA KLEIBERG

Série Cristal 10

LECTORIUM ROSICRUCIANUM

2013

Copyright © 2003 Rozekruis Pers, Haarlem, Holanda

Título original holandês
Roos en Kabbala

2013
IMPRESSO NO BRASIL

LECTORIUM ROSICRUCIANUM
ESCOLA INTERNACIONAL DA ROSACRUZ ÁUREA

Sede Internacional
Bakenessergracht 11-15, Haarlem, Holanda
www.rozenkruis.nl

Sede no Brasil
Rua Sebastião Carneiro, 215, São Paulo, SP
www.rosacruzaurea.org.br

Sede em Portugal
Travessa das Pedras Negras, 1, 1.º, Lisboa, Portugal
www.rosacruzlectorium.org

Dados Internacionais de Catalogação na Publicação (CIP)
(Câmara Brasileira do Livro, SP, Brasil)

Kleiberg, Benita ;
A rosa e a cabala;
tradução Lectorium Rosicrucianum. – Jarinu, SP :
Lectorium Rosicrucianum, 2013 – (Série Cristal ; 10)

Título original holandês: *Roos en Kabbala*
ISBN 978-85-62923-17-3

1. Cabala e cristianismo 2. Gnosticismo 3. Rosacrucianismo
I. Título. II. Série.

12-14251   CDD-299.932

Índices para catálogo sistemático:

1. Gnosticismo : Religião   299.932

Todos os direitos desta edição reservados ao
LECTORIUM ROSICRUCIANUM

Caixa Postal 39 — 13.240-000 — Jarinu — SP — Brasil
Tel. (11) 4016.1817 — FAX (11) 4016.3405
www.pentagrama.org.br
livros@pentagrama.org.br

Sumário

Introdução ... 9

Parte I

1
A ROSA-DO-CORAÇÃO DA MANIFESTAÇÃO SÉTUPLA DIVINA ... 13

2
A ROSA-DO-CORAÇÃO EM RELAÇÃO A ESPAÇO E TEMPO ... 17

2.1 *A rosa sétupla* ... 17

2.2 *A rosa de treze pétalas do coração: a Shoshana* ... 31

3
OS NÚMEROS DOZE E TREZE ... 35

4
A CHABATSTSELETH ... 41

5
A PEDRA ANGULAR DE CRISTO E A ROSA-DO-CORAÇÃO ... 45

6
A HISTÓRIA DA ROSA ... 51

7
A ESTRUTURA NUMÉRICA DA HISTÓRIA DA ROSA ... 61

7.1 *A vida antes do nascimento* ... 61

7.2 *O nascimento* ... 65

7.3 *Assuero* ... 69

7.4 *Ester* 71
7.5 *O rei e a rainha* 75
7.6 *Mardoqueu e Hamã* 81
7.7 *A reviravolta* 85

Posfácio _97_

Parte II

1
A relação entre Ester e a Shoshana _101_

2
Shoshana e Chabatstseleth _105_

3
A relação entre número
e linguagem no hebraico _117_

Bibliografia _123_

O QUE É A VERDADE?

Vede este cristal: assim como uma só luz se revela por doze faces, sim, em quatro vezes doze, e cada face, por sua vez, reflete um raio da luz, uns percebem uma face, outros veem outra, porém o cristal é um só e também uma só a luz que ele irradia em todas.

(Extraído de *O evangelho dos doze santos*)

Introdução

Tanto nas culturas ocidentais como orientais, os sistemas religiosos referem-se a um princípio divino, uma centelha divina oculta no ser humano. Esse princípio divino primordial tem diferentes nomes. A Escola Internacional da Rosacruz Áurea denomina esse princípio primordial "a rosa sétupla do coração" ou "o átomo-centelha-do-espírito". Outras escolas de mistérios e outras religiões o denominam "lírio" ou "flor-de-lótus". Apesar das diferentes denominações, todas indicam a mesma coisa: a centelha da Divindade no coração humano.

A rosa-do-coração também está presente na Gnosis judaica. Nela, a rosa assume inclusive duas formas: a Shoshana de treze pétalas e duas cores, e a Chabatstseleth, a rosa original, que é incolor.

À primeira vista, todas essas rosas podem gerar confusão. Contudo, quem estudar a fundo essa matéria fascinante, descobrirá que não há contradição entre os diferentes tipos de rosa. As rosas da Gnosis judaica tratadas neste livro poderão aprofundar os conhecimentos sobre a rosa-do-coração, de que fala a Escola Espiritual da Rosacruz

Áurea. O conhecimento da Gnosis é sempre universal e independe das diferenças culturais ou da época!

Na segunda parte, são delineadas as ligações entre Ester, a Shoshana, a Chabatstseleth e o Cântico dos Cânticos bíblico, que exemplificam o caminho de desenvolvimento da alma humana.

No anexo da página 117 expomos a relação entre os números e as letras do alfabeto hebraico, a fim de tornar mais compreensíveis os pensamentos formulados neste livro.

Parte I

I

A ROSA-DO-CORAÇÃO DA MANIFESTAÇÃO SÉTUPLA DIVINA

O botão de rosa é uma ordem universal, uma alma universal, uma onimanifestação que não pode revelar-se aqui. Trata-se de uma onimanifestação que não é deste mundo, um reino gigantesco, porém não desta natureza. O botão de rosa contém uma vida adormecida que poderia florescer com efusiva majestade. Entretanto, o perfume desse fogo vital régio não pode ser sentido aqui.

Os mistérios gnósticos da Pistis Sophia, p. 205

No esoterismo ocidental moderno, o princípio divino no coração do homem é representado como uma rosa estilizada, formada pela intersecção de sete círculos, traçados em torno de um ponto comum (ver Figura 1, p. 18). Dessa forma, a rosa-do-coração simboliza a atividade do Logos divino, cujos raios influenciam todos os tipos de vida.

Assim como a luz do sol se decompõe em sete partes, formando um espectro de cores, da mesma forma a luz do amor de Cristo se expande em sete raios através dos sete planetas. Os raios criadores, que emanam dos planetas, constituem sete princípios básicos, sete propriedades que, no entanto, são a expressão de uma única luz, de uma única vida. Os planetas estão interligados e dependem uns dos outros. Suas forças e energias provocam fortes movimentos giratórios em torno do coração do sol. A rosa sétupla estilizada exprime isso de uma forma muito bonita.

Quando se menciona a rosa-do-coração, faz-se às vezes uma diferenciação entre a rosa branca, a vermelha e a dourada. Todas as três corporificam o mesmo princípio, contudo em diferentes estágios de desenvolvimento.

Um axioma dos rosa-cruzes clássicos declara:

Ex Deo nascimur.
In Jesu morimur.
Per Spiritum Sanctum reviviscimus.

A rosa branca é o símbolo da primeira parte do axioma: *Ex Deo nascimur* — de Deus nascemos. Ela representa a atividade da força paterna. Como seres humanos, todos surgimos da mesma fonte e ainda possuímos uma fração dessa vida original em nós. Por isso, podemos dizer que a rosa branca foi ofertada a todos. No entanto, o importante é haver consciência a esse respeito, isto é: se, de fato, se aceitou a rosa. É que deve acontecer algo com ela, e somente então o conhecimento sobre a nossa origem divina fará sentido. Quando se aceita conscientemente a rosa, tem início determinado processo, através do qual o curso da natureza comum pode ser interrompido. Esse desenvolvimento é um caminho em espiral ascendente.

Quando aceitamos conscientemente essa rosa branca e queremos investigar seu significado, ela terá de tingir-se de vermelho, mediante a experiência e o sacrifício. A fase do *In Jesu morimur* — em Jesus morremos — terá então sido atingida. As forças do sol tornam-se ativas. A rosa tinge-se de vermelho por meio das amargas experiências pelas quais temos de passar.

Muitas vezes iremos ferir-nos "mortalmente" em seus espinhos, mas somente assim adquiriremos compreensão e consciência. É desse contexto que nos lembra o profundo conto-de-fadas "A Bela Adormecida":[1]

No alto da torre do castelo, dorme a bela princesa, que espera sua salvação. Muitos príncipes tentaram chegar até a câmara na torre, porém não conseguiram atravessar o matagal cheio de espinhos em volta do castelo, ali encontrando uma morte terrível. Após cem anos chega o momento em que um príncipe consegue acordar com um beijo a Bela Adormecida de seu sono centenário. E eis que o

---

[1] Na versão mais conhecida do conto, a dos irmãos Grimm, a princesa chama-se *Dornröschen*, nome formado pela aglutinação das palavras alemãs "Dorn" (espinho) e "Röschen" (rosinha) (N.T.).

matagal de espinhos se transforma em um roseiral florido...

A alma que anela pela união com o Espírito apenas atinge seu destino quando chega a hora certa. Somente então o fogo da renovação consegue abrir caminho para o alto, e uma vida completamente nova pode surgir.

Esse caminho transfigurístico culmina na fase do *Per Spiritum Sanctum reviviscimus* — pelo Espírito Santo renascemos. A força do Espírito torna-se ativa. A rosa, tingida de vermelho pelo sacrifício e pelo sofrimento, começa agora a adquirir um brilho dourado. Circundada por uma aura completamente renovada, ela participa de uma vida inteiramente nova, que está nela e a envolve. A rosa do princípio desabrochou, transformando-se na rosa dourada da vitória.

2

A ROSA-DO-CORAÇÃO EM RELAÇÃO A ESPAÇO E TEMPO

Não há mistério mais excelente do que estes, que conduzirão vossas almas à Luz das Luzes, ao reino da Verdade e do Bem, ao lugar onde não existe varão nem fêmea, nem forma, mas somente a Luz eterna e inefável.

Nada há, portanto, mais excelente que estes mistérios que desejais penetrar, exceto apenas o mistério das sete vogais e suas quarenta e nove potências, assim como o de seus números. E nenhum nome é mais excelente do que todas estas (vogais).

Pistis Sophia. In: Blavatsky, H.P. A doutrina secreta, v. IV, p. 134

2.1 A rosa sétupla
No capítulo anterior expusemos a relação entre a rosa sétupla e o Logos divino, que atua através dos planetas. Por isso, podemos ligar essa rosa aos

Figura 1

seis planetas clássicos que circundam o sol central, tal como ilustra claramente a rosa estilizada na Figura 1. Aprofundemo-nos agora no número sete, a fim de investigar melhor sua importância e sua singularidade.

Em geral, os círculos esotéricos encaram o número 7 como o número do tempo. Afirma-se que tudo se agrupa no espaço em sete períodos de tempo, tanto no macrocosmo como no microcosmo. O nosso planeta também passa por sete estágios de desenvolvimento, sete transformações, também denominadas *manvantaras*.

O Verbo criador divino sofreu um processo de condensação, houve um endurecimento contínuo da matéria original. No processo de condensação da matéria original, o fogo surgiu como o primeiro estado de agregação, seguido por ar, água e, finalmente, terra.

Os manvantaras são os seguintes, conforme a classificação de Rudolf Steiner:

1. Saturno
2. Sol
3. Lua
4. Terra (atual)   } os 7 períodos
5. Júpiter (futuro)   terrestres
6. Vênus (futuro)
7. Vulcano (futuro)

Além do mais, o mundo em que vivemos passa por sete grandes períodos culturais:

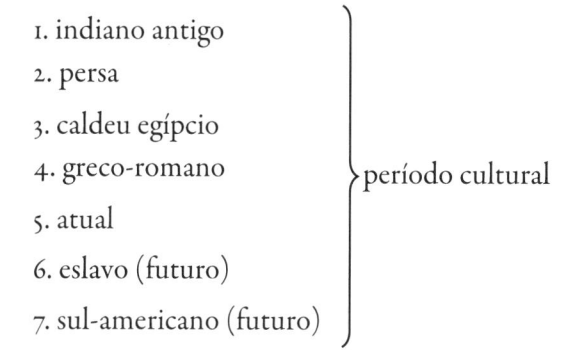

1. indiano antigo
2. persa
3. caldeu egípcio
4. greco-romano   } período cultural
5. atual
6. eslavo (futuro)
7. sul-americano (futuro)

No tocante a isso, nós nos contentaremos com estas breves informações, porque um aprofundamento não seria relevante para o tema central deste livro.

Também encontramos essa estrutura sétupla no desenvolvimento do microcosmo. As transformações da Terra mencionadas repetem-se de forma acelerada no plano celular, no útero materno. Uma criança também se desenvolve em períodos de sete anos. Aos sete anos ela muda a dentição, aos quatorze atinge a maturidade sexual, e a partir dos vinte e um anos o ser humano deixa de crescer.

Após cada período de sete anos é concluído um estágio de desenvolvimento. O ser humano praticamente se renovou de corpo e alma. Certo grau de aperfeiçoamento é adquirido após 49 anos (sete vezes sete). Como personalidade, o ser humano passou então por todas as experiências humanas, podendo dedicar-se plenamente ao aspecto espiritual. Quando atingir uma autorrealização plena, o homem possuirá sete corpos, pois ele tem a missão de desenvolver, além dos corpos físico, etérico, astral, mental ou ego, também o seu Manas, Budhi e Atman.[2]

Uma visão geral do que verificamos até agora permite concluir ser o número 7 a força harmoniosa no universo. Tanto o macrocosmo como o microcosmo desenvolvem-se segundo um plano, uma ideia, que possui uma expressão numérica. Os números não indicam apenas quantidades, como

---

[2] Os três estágios superiores da constituição setenária do homem, segundo a Teosofia. Manas (do sânscrito *man*, pensar) é o quinto estágio. Manas é a verdadeira mente divina e também o elo entre os quatro estágios inferiores (os quatro corpos) e os dois superiores: Budhi, a alma divina, e Atman, o Espírito imortal, a essência divina no homem.)

gosta de pensar o homem moderno, que pensa em termos econômicos. Eles possuem, ao mesmo tempo, qualidades que nos indicam relações de forma exata. Infelizmente, essas características hoje costumam ser ignoradas ou subestimadas. Se estudarmos a simbologia dos números, poderemos investigar melhor a vida e o mundo, e assim descobrir algo sobre o plano divino presente na base de toda a vida.

O número 7 ocupa um lugar especial no âmbito da geometria. Isso pode ser observado por intermédio dos cinco corpos platônicos. Esses corpos ou formas, que Platão apresentou em seu livro *Timeu* como os elementos cósmicos constitutivos do mundo, são cinco formas regulares ou harmoniosas, que correspondem aos elementos fogo, ar, água e terra. Como quinto elemento, ele menciona a "matéria celeste" (na seção 7.7 entraremos em maiores detalhes a respeito). Como todo o universo pode ser explicado por meio dessas cinco figuras, elas também foram denominadas "corpos cósmicos" pelos gregos antigos. Platão atribuía grande valor à geometria harmônica desses corpos. Quem desejasse entrar para a sua academia tinha de estudar a fundo a matéria, antes de sua admissão.

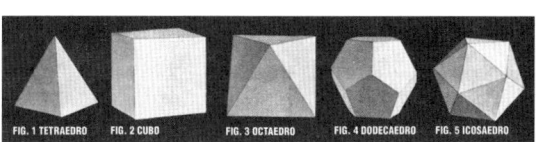

Figura 2

Os corpos platônicos (ver Figura 2) mostram-nos a possibilidade de formar figuras harmoniosas usando apenas o triângulo equilátero, o quadrado e o pentágono. Isso também é uma informação importante, por mostrar-nos que os números 1 e 2 são especiais. Assim, não existem figuras com apenas um ou dois lados. Há apenas uma figura com uma face: a esfera, à qual iremos referir-nos especialmente no capítulo 7. Na tridimensionalidade apenas podemos fazer alguma coisa com base no triângulo. Com quatro triângulos, por exemplo, pode-se formar o *tetraedro*, o primeiro corpo platônico. Este fornece-nos mais corpos: o *octaedro* consiste em oito triângulos, e o *icosaedro*, em vinte. Portanto, o triângulo equilátero fornece-nos três corpos: o tetraedro (4 faces), o octaedro (8 faces) e o icosaedro (20 faces). A base de todas essas figuras é o número 3, pois todas elas são construídas com triângulos equiláteros.

O segundo corpo (ver Figura 2) é o cubo, formado por quadrados. Para obter-se um cubo precisamos de 6 quadrados. Ao mesmo tempo, o cubo (seis faces) é uma forma singular, pois com o quadrado não se pode formar nenhum outro corpo regular. Por ser formado de quadrados, o cubo representa o número 4.

Por fim, chegamos ao dodecaedro, um corpo formado por pentágonos regulares. Como figura de 12 faces, ele também é singular, pois o pentágono regular não oferece outras possibilidades.

2 · A ROSA-DO-CORAÇÃO EM...

O tetraedro e o cubo, ligados aos números 3 e 4 apontam para o mundo físico em sua forma mais "dura", isto é, o reino mineral. Nesse mundo encontramos toda uma série de tetraedros e octaedros. Eles existem ali de forma exata, como os corpos platônicos. A boracita, por exemplo, assume a forma de um tetraedro ao cristalizar-se; o espinélio e o diamante, por sua vez, assumem a forma de um octaedro. Também há vários minerais que se cristalizam na forma cúbica, presente também no mundo mineral. No entanto, com o dodecaedro, formado de pentágonos regulares, já nos afastamos desse reino. Nenhum mineral cristaliza-se na forma de um dodecaedro.

Portanto, podemos verificar que o mundo tridimensional dos minerais está ligado aos números 3 e 4. Há vários corpos formados de triângulos equiláteros e quadrados. No entanto, com o número 5 transpomos o mundo físico dos minerais e ingressamos no vizinho mundo etérico, que se expressa no reino vegetal. Deparamo-nos muitas vezes com o número 5 nas formas de florescência de várias plantas. No jogo de formas de suas flores é comum encontrarmos 5 pétalas dispostas como uma estrela ou pentagrama. O lírio é um exemplo disso.

Com o número 6 tem início uma nova fase. Já vimos que o número 5 extrapola o reino mineral, fazendo-se presente no reino vegetal. Agora verificaremos que com o número 6 todas as ligações com o mundo espacial começam a desfazer-se.

O fato de ser impossível formar corpos harmônicos com um hexágono regular torna isso evidente. O 6 também não está presente na série de corpos platônicos. Não é possível formar um corpo espacial com hexágonos de faces equiláteras. Ou, dito de outra maneira, o hexágono regular não possui a capacidade de expressar-se na tridimensionalidade. Contudo, podemos construir uma figura harmônica com hexágonos em duas dimensões, isto é, num plano. Então obteremos uma estrutura como a do favo de mel, uma rede de hexágonos regulares dispostos lado a lado (ver Figura 3a). Dessa maneira, fica claro que o número 6 já deixa para trás o mundo físico, tridimensional.

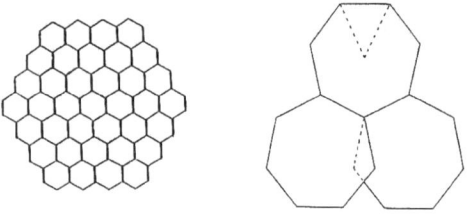

Figuras 3a e 3b

No entanto, o número 7 vai mais além. Um conjunto de heptágonos regulares apresenta certo padrão na superfície plana da bidimensionalidade, mas a rigor isso já não pode ser considerado uma figura regular de sete faces. Há sobreposições, as junções não são adequadas, e, portanto, não se obtém um todo bem ajustado (ver Figura 3b). No espaço igualmente não conseguimos fazer nada com um heptágono regular. Não há como formar um todo harmônico e um corpo regular.

Portanto, devemos verificar que o número 7 nada tem a ver com o nosso mundo espacial. Esse número anuncia uma dimensão inteiramente nova que, por assim dizer, se contrapõe a nosso mundo. Trata-se da natureza do não ser. E essa natureza sempre reina sobre a natureza do ser. O Espírito determina, portanto, o mundo material e domina o mundo do ser, embora não tenha parte nele.

Em suma, podemos concluir da parte geométrica anterior que entramos no mundo material com o número 3, para logo deixá-lo com o número 4. O número 5 nos conduz ao mundo etérico das plantas, e com o 6 tornamos a ultrapassar uma fronteira para nos depararmos com o mundo do número 7, o mundo imaterial do Espírito, do não ser. Assim, a geometria nos mostra que o 7 ocupa uma posição muito especial, que ele está completamente livre do mundo material.

No início deste capítulo havíamos verificado que o número 7, como princípio do tempo, ordena o nosso mundo espacial no fluxo temporal, pois também os períodos temporais estão sujeitos a uma estrutura sétupla.

Pode parecer estranho que o mundo espiritual do não ser esteja ligado a algo tão trivial como o tempo, por isso pretendemos examinar mais detidamente a essência do tempo.

Ao pensarmos sobre a essência do tempo, reconhecemos que ele representa um papel importante em nossa vida, pois esta depende do tempo. Tudo está ligado ao tempo, que é tríplice, pois consiste em passado, presente e futuro. Podemos evocar imagens do passado: são nossas lembranças. Podemos tecer planos para o futuro: são nossas expectativas.

O presente, contudo, é um problema para nós. Como vivenciá-lo verdadeiramente e da maneira correta torna-se uma tarefa para todos, pois uma vida verdadeira significa estar no hoje. É impossível vivenciar-se, em nosso mundo espacial, o presente no fluxo do tempo. Nós, seres humanos, geralmente estamos ocupados ou com o passado ou com o futuro. Se pudéssemos realmente estar no agora, ao mesmo tempo saberíamos o que é a essência do tempo.

Acoplamos o tempo ao mundo espacial, embora o tempo, de fato, seja independente da ordem espacial. Uma simples pergunta como "Que horas são?" está ligada ao mundo espacial. Para responder a essa pergunta, precisamos olhar para o relógio ou verificar a posição do sol. Esses objetos, com os quais medimos o tempo, porém, estão localizados no espaço. Esses objetos espaciais e perceptíveis não nos revelam o segredo da essência do tempo.

Como afirma Rudolf Steiner em seu livro *A ideia de Pentecostes como fundamento sensorial para a compreensão do carma,*[3] "O tempo não pode ser percebido em sua essência no mundo espacial. Devemos abandonar o espaço para a sua percepção como tal. Para que possamos fazê-lo, é necessário primeiro morrer em Cristo, e isso antes de nossa morte física. Precisamos realmente aplicar o *In Jesu morimur!* Quando nós, seres humanos, tivermos ultrapassado o portal da morte, entraremos em uma existência completamente diferente, no não ser. O espaço transforma-se em tempo."

Quando morremos realmente em Cristo experimentamos essa sensação do tempo interior como algo natural. Como seres humanos que anseiam pela libertação já nos despedimos de nós mesmos e do mundo (espacial) onde vivemos. É totalmente diferente quando ainda queremos manter-nos ligados ao mundo terreno, e não podemos ou não queremos soltar-nos dele. Nesse caso também não conseguimos permanecer na essência do tempo. Após a morte ficamos ligados ao mundo espacial por um tempo e, como um "fantasma do espaço", tentaremos agarrar-nos à terra.

No entanto, como homens que na terra aspiram a um desenvolvimento espiritual, poderemos ter uma noção desse não ser na existência diária, se seguirmos o caminho da endura (a demolição do eu mediante a entrega ao Cristo interior). Então,

---

[3] Steiner, R. *Der Pfingstgedanke als Empfindungsgrundlage zum Begreifen des Karmas.* Dornach: Rudolf Steiner Nachlassverwaltung, 1970.

um lampejo do mistério do tempo nos será desvendado. Vivenciaremos então a endura como estar no mundo (espacial) sem pertencer mais a ele.

Entretanto terá ficado claro para nós que a verdadeira essência do tempo está ligada ao mundo original de onde caímos. Somente quando tivermos declinado em Cristo, no caminho endurístico do autossacrifício, poderemos conhecer esse não ser, a essência do tempo silencioso. A vida do tempo silencioso está ligada à atmosfera solar, ao sol oculto por detrás do sol físico. Cristo, o Logos Solar, tem ali seu domicílio, sendo esse o centro irradiante do universo. Mediante os sete raios, Cristo irradia sua luz de amor através dos sete planetas sobre a nossa Terra. Como pessoas físicas, contudo, vemos apenas o sol físico, cuja luz decompõe-se em um espectro de sete cores.

Neste livro a rosa-do-coração é comparada às rosas da Gnosis judaica. É interessante observar como o número 7 é visto dessa perspectiva. Na Gnosis judaica o número 7 também é considerado como o apogeu do desenvolvimento, a partir do qual se espera um novo começo. Verificamos que o número 7 representa igualmente uma forma de domínio, porque a sétima sefirá da árvore da vida é denominada "Netzach". Essa palavra significa vitória, e é derivada do termo grego *niké*, "vitória". O número 7 também tem a ver com o sétimo dia da criação. Segundo a tradição judaica, nós mesmos devemos concluir no mundo físico o sétimo dia da criação. Isso significa, portanto, uma tarefa para nós! A mais elevada realização é sete vezes sete, o número 49 como a última fronteira deste mundo. A fase seguinte, o novo mundo após o 49, é indicada com o número 50 ou, na tradição judaica, como o oitavo dia. Esses dias — o sétimo e o oitavo — são a parte central dessa tradição. Após a consumação no sétimo dia, ocorre imediatamente a morte. O que é velho não pode ser levado para o oitavo dia. Não existe ressurreição sem morte! O 8 representa "a porta de Saturno", a ligação entre o círculo superior e o inferior.

A Bíblia descreve várias vezes esse processo. Entre a fuga do Egito e a revelação a Moisés no Monte Sinai transcorreram 49 dias. A estada no Egito simboliza a nossa prisão no mundo da dualidade. E, de tempos em tempos, sente-se falta do velho e familiar Egito.

Contudo, finalmente se atinge a realização. Após a travessia quase interminável do deserto, chega o 49.º dia. Deus revela-se a Moisés no Sinai — a expressão de uma volta à unidade. O caminho do Egito a Caná é o caminho de saída da dualidade para a unidade. Moisés conduz seu povo à terra prometida, embora ele próprio não possa adentrá-la. O velho, que pertence ao sétimo dia, não pode ser levado ao novo mundo do oitavo dia. Moisés morre no 12.º dia do 12.º mês. Isso é o máximo possível na esfera material. Contudo, nos números 7 e 12 já estão incluídas a esperançosa expectativa do 8 e do 13, da nova vida na unidade original.

Assim termina o Pentateuco. Como é possível que ele testemunhe de um mundo novo, onde nós ainda devemos entrar? Como vimos, a Gnosis judaica considera o número 7 o apogeu do desenvolvimento.

Em seu livro *A origem do judaismo à luz da simbologia numérica no Antigo Testamento*,[4] Oskar Fischer caracteriza o 7 como o "fator da sorte". A realização do princípio do 7 revela-se no amor como forma de expressão da perfeição. Davi, que é da sétima dinastia, na contagem das gerações, não pode construir o templo. Contudo, seu filho Salomão, ou seja, aquele que o sucede e é da 8.ª geração, é quem constrói o templo. Salomão é o representante do novo começo, do oitavo dia e pode cumprir a missão. Com a construção do templo, cria-se, então, a possibilidade de estabelecer uma ponte para o novo mundo, que, ao mesmo tempo, é o mundo original da unidade divina.

O número 7 surge também em muitos outros livros no Novo Testamento, onde indica determinado caminho de iniciação. Nesse contexto, lembramos o Apocalipse de João, livro no qual o número 7 aparece várias vezes. Neste capítulo

---

[4] Fischer, O. *Der Ursprung des Judentums im Licht Alttestamentarischer Zahlensymbolik*. Leipzig: Dietrich, 1917.

do nosso livro, o número 7 está ligado ao tempo. Não é nossa intenção abordar agora os demais aspectos desse número (luz e som).

2.2 A rosa de treze pétalas do coração: a Shoshana

> Os mistérios do Décimo Terceiro Éon existem e atuam em todo o universo da morte, em todas as regiões da manifestação dialética.
>
> Os mistérios gnósticos da Pistis Sophia, p. 289

A Shoshana é a rosa bicolor e de treze pétalas da Gnosis judaica. Ela consiste em seis pétalas vermelhas e seis pétalas brancas, dispostas em torno da décima terceira, o coração, que é incolor (ver Figura 4).

Figura 4

No capítulo anterior, relacionamos a rosa sétupla do coração à pura essência do tempo. Concluímos que a essência do tempo deve ser vista, no que diz respeito ao mundo espiritual, como a natureza do não ser. Assim, a rosa sétupla simboliza a essência do divino. Com a Shoshana, o princípio do espaço passa para o primeiro plano, como verificaremos.

A Gnosis judaica faz a distinção entre a rosa antes e depois da criação. A Shoshana é a rosa após a criação e é comparada à árvore do conhecimento. Ela abrange o caminho de desenvolvimento do livre arbítrio. Por isso ela possui duas cores que exprimem a livre escolha do ser humano. Ele pode fazer sua opção pela vida vermelha, que liga à terra, ou pela vida branca, que supera a terra. O vermelho é a cor da vida material e alimenta a força física. A cor branca, ao contrário, equivale à luz e ao princípio ascendente, de desprendimento da terra.

É especialmente a alternância das pétalas vermelhas e brancas que exprime a mudança, o giro na polaridade. As duas vezes seis pétalas simbolizam o girar do conjunto das doze, que correspondem com os doze focos da lípica na *astralis*. Esses focos, por sua vez, são influenciados pelos doze signos zodiacais, que mantêm o homem aprisionado à roda mediante ciclos no mundo material.

O número 12 é considerado no esoterismo como o número do espaço. No capítulo 3 daremos maiores detalhes a esse respeito. Contudo, é importante dirigir a atenção para o fato de o ser humano estar aprisionado a um ciclo na natureza material. Quando ele clama pela libertação desse aprisionamento, uma resposta há de vir do centro da rosa, da pétala incolor da Shoshana.

Da silenciosa segurança no centro das rotações da estrutura duodécupla, o coração da rosa responde. Ele interrompe o ciclo e provoca um movimento ascendente em espiral. Os dois grupos de seis pétalas comportam-se como tese e antítese em relação à pétala central, que promove a síntese. Após a polaridade, segue-se o silêncio da unificação no centro.

É notável o fato de a estrutura das letras hebraicas da palavra Shoshana conter vários conceitos correspondentes ao caráter dessa rosa bicolor: ה נ ש ו ש, valor numérico: 5–50–300–6–300=661. A raiz da palavra Shoshana é שש, a mesma palavra para seis, "shesh". O duplo seis caracteriza a Shoshana, com suas pétalas coloridas dispostas em duas vezes seis.

A primeira parte da palavra Shoshana é "shesh" ou "shosh". A última parte da palavra é "shanah" (שנה), as três consoantes xine – nune – hê (o hebraico não possui vogais).

Shanah envolve os seguintes conceitos: mudar, trocar, repetir, aprender e envelhecer. A palavra "dois" também está relacionada a shanah. Isso nos parece lógico, uma vez que mediante a polaridade do 2 chegamos aos conceitos de repetição, troca e mudança. Shanah também significa ano.

A ROSA E A CABALA

O ano não tem doze meses? As doze pétalas da Shoshana, duas vezes seis, também indicam isso. Assim, é possível reconhecer que a Shoshana com suas 13 pétalas contém em si algo da dualidade. Ela é a rosa na qual somente o coração, a pétala no centro, pertence a outra natureza. Esse coração possui uma "cor" que aqui nos é desconhecida. Trata-se da cor da Chabatseleth, a cor da luz divina.

3

Os números doze e treze

E, vindo Jesus a um lugar onde cresciam sete palmeiras, juntou seus discípulos à sua volta, e a cada um deu um número e um nome, conhecidos apenas pelo que os recebia. E disse-lhes: Permanecei como colunas na casa de Deus, e manifestai a ordem de acordo com os números que recebestes.
E puseram-se à sua volta, formando um quadrado, e contaram o número, e não o conseguiram. E disseram-lhe: Senhor, não podemos fazê-lo. E disse Jesus: Que o maior dentre vós seja igual ao menor, e que o símbolo do que é o primeiro seja como o símbolo do que é o último.
E assim fizeram, e em todos os aspectos houve igualdade, ainda que cada um trouxesse um número diferente, e um lado fosse como o outro, e o superior como o inferior, e o interior como o exterior. E o Senhor disse: É o bastante. Assim é a casa do mestre-construtor sábio: quadrangular e perfeita. Muitos são os aposentos, mas a casa é uma.

O evangelho dos doze santos, cap. 54, p. 174–175

Para compreender-se bem o significado da rosa de treze pétalas da Gnosis judaica, seria interessante analisar mais detidamente os números 12 e 13. No esoterismo, o número 12 é a representação do espaço. Já os babilônios dividiam o espaço sideral em doze pontos fixos que formavam o zodíaco.

O que se manifesta sucessivamente no espaço, isto é, o que nos circunda por fora, projeta-se em doze princípios fundamentais. O interior do ser humano, seu ser anímico, ao contrário, nada tem em comum com o espaço. Sua vida anímica desenvolve-se no tempo. Em resumo, isso significa o seguinte: o espacial — isto é, o exterior — está relacionado ao conceito de "espaço" e ao número 12, enquanto a vida da alma — o que existe em nosso interior — tem a ver com o conceito de "tempo" e com o número 7.

O 12, como vimos, está encerrado na Shoshana, a rosa do 12+1. A imagem do 12 e da 13.ª (pétala) é de profundo significado. Na teoria dos números, o 12 é considerado um número abundante. Isso porque a soma de seus divisores, 1+2+3+4+6=16, é maior do que o próprio número. Os números abundantes são um fenômeno raro entre os demais.

Existem, da mesma forma, números deficientes. A soma de seus divisores é inferior ao valor do próprio número. Tomemos como exemplo o 8. A soma de seus divisores é 1+2+4=7. Existem muitos desses números deficientes, eles são a maioria. E ainda temos um terceiro grupo de números, os chamados números perfeitos, em que a

3 · Os números doze e treze

soma de seus divisores é igual ao próprio número, como por exemplo o 6, cuja soma dos divisores é 1+2+3=6. Esses números são muito raros. O 28 também é perfeito. A soma de seus divisores é 1+2+4+7+14=28. Os números 496 e 8128 também pertencem a essa categoria. Ainda existem vários outros, no entanto o próximo número perfeito já é de oito algarismos. Essa foi uma breve explanação sobre os três grupos de números.

O 12, como número abundante, expressa certa qualidade, uma plenitude: ele contém todas as possibilidades existentes. Ele assemelha-se a uma cornucópia da abundância. Ao mesmo tempo, a totalidade do 12 está à espera de realização. Se não surgir uma nova situação, apenas poderá haver um retrocesso ao velho e conhecido. A qualidade do 12 formula uma pergunta, um pedido de salvação de seu movimento circular pelo espaço. O 13, um número primo (pois somente é divisível por si mesmo e por 1), traz essa salvação, levando o 12 a uma nova realidade: ao mundo da unificação com o espiritual. A essência profunda do número 13 encerra o 1. Mais adiante voltaremos a esse assunto. O importante agora é verificar que o 13 liberta o 12 de seu movimento circular, possibilitando-lhe a entrada em uma espiral ascendente.

Em várias passagens da literatura mundial encontramos esse significativo 12 ligado ao 13 salvador. A Bíblia também o confirma, através das pessoas dos 12 apóstolos, com a força salvadora de Cristo como o número 13. Os doze apóstolos somente conseguiram realizar suas grandes obras animados pela força de Cristo.

Nós, como toda a humanidade, em princípio temos a tarefa de ligar-nos fraternalmente, constituindo um grupo fixo de 12, para viver em conjunto, na expectativa do décimo terceiro, isto é, da força de Cristo, capaz de interromper o trajeto circular. Lembremos, a esse respeito, das palavras de Cristo: "Sem mim, nada podeis fazer". No entanto, enquanto o homem não tiver consciência dessa elevada missão, permanecerá no mundo do 12, e o 13 será banido, por incompreensão e má vontade.

Também nas lendas sobre o rei Artur e os cavaleiros da távola redonda, deparamo-nos com a imagem do 12 e do 13. Aqui a força inspiradora é o rei, que encoraja os cavaleiros a grandes feitos. Encontramos a mesma temática em muitos contos-de-fadas, como por exemplo no conto dos 12 irmãos. Nesses contos, é sempre o 13.º que conduz o grupo de 12 para além de si mesmo, para a cura, para a santificação. Em suma, verificamos que o 13 leva à unidade em uma dimensão superior. É preciso interromper a trajetória circular do egoísmo, a fim de poder ascender a esse nível de consciência mais elevado. Somente então a força curadora de Cristo, o amor divino, poderá reconduzir-nos à unidade. Isso se expressa claramente na língua hebraica: o amor de Deus é o 1.

3 · Os números doze e treze

Amor – ahava – (אהבה) valor numérico = 13
                           5 2 5 1

Um – echod – (אחד) valor numérico = 13
                       4 8 1

Aqui, os próprios números ressaltam o retorno ao 1 que o 13 realiza mediante o amor.

4

A Chabatstseleth

Para reconhecer a rosa, perceber seu perfume e entrar no roseiral, o homem precisa seguir o caminho preparatório de João. O desgosto motivado pela oposição do eu da natureza da morte deve, após muito sofrimento e experiência, transformar-se em dor de arrependimento e em humildade diante de Deus e dos homens. Essa humildade vai comprovar que os doze guardiães do Tesouro de Luz inflamaram os doze pontos magnéticos aurais primários da libertação. E os doze discípulos cercam o Senhor do Graal na Santa Ceia.

Os mistérios gnósticos da Pistis Sophia, p. 199

Na Gnosis judaica existe, além da Shoshana, a rosa de treze pétalas, mais uma rosa, a Chabatstseleth (ver o Cântico dos Cânticos). Ela é uma rosa incolor, ou melhor, uma rosa cuja cor não é perceptível em nosso mundo. Como já mencionamos, a Shoshana é a rosa depois da criação e está ligada à árvore do conhecimento. A Chabatstseleth é a rosa antes da criação e, naturalmente, ela está relacionada com a árvore da vida. Portanto, a Chabatstseleth e sua cor divina possuem algo muito especial. Sua essência é totalmente diferente da Shoshana, que — como verificamos antes — está em relação com a polaridade da vida no mundo material.

O que torna a Chabatstseleth singular é seu perfume especial, que não pode ser percebido no mundo material. Quanto a isso é preciso dizer que o olfato é o sentido menos aperfeiçoado do homem. Ele apenas se desenvolverá plenamente no próximo período. Esse sentido, porém, envolve um mistério do qual não temos a mínima noção. A Chabatstseleth é associada ao olfato, e isso indica uma característica que supera, de longe, nossa capacidade de compreensão. A Chabatstseleth abriga o segredo da cura, da santificação, mistério esse que não pode ser desvendado na esfera material. A palavra hebraica Chabatstseleth inclui em seu significado esse mistério oculto.

Chabatstseleth também pode ser traduzida por "rosa-cebola" ou bulbo. Uma cebola consiste em diferentes camadas. E a Chabatstseleth, como "rosa-cebola", oculta entre suas distintas "saias" ou camadas, um mistério que não revela tão facilmente. É preciso esforçar-se para sondá-lo. Devemos afastar cuidadosamente camada por camada, até penetrar-lhe o núcleo, que contém o "reach nichoach", o aroma agradável.

Em hebraico, as palavras "reach" e "ruach" são escritas de maneira quase igual. A primeira delas, "reach", significa perfume, enquanto "ruach" significa Espírito. Na Chabatstseleth os conceitos de perfume e Espírito estão muito próximos, como veremos mais adiante. Além disso, podemos dizer que, ao contrário da Shoshana, que é bicolor, a Chabatstseleth é incolor, ou melhor, possui uma cor difícil de definir. Talvez a melhor forma de descrevê-la seja dizer que ela é uma rosa com a cor da luz divina, porque ela representa a rosa antes da criação, antes da queda. Assim, ela é um símbolo da unidade divina original.

Em suma, verificamos que, embora as rosas abordadas sejam distintas à primeira vista, não há uma diferença fundamental entre a rosa sétupla do coração na Gnosis ocidental e as duas rosas da Gnosis judaica, que se diferenciam em rosa antes e depois da criação. O coração da Shoshana é idêntico à Chabatstseleth. Ambas representam o mundo divino do não ser, o que corresponde ao simbolismo da rosa sétupla do coração.

5

A PEDRA ANGULAR DE CRISTO
E A ROSA-DO-CORAÇÃO

As quatro rosas representam o quadrado da construção sobre a Pedra Angular, Jesus Cristo, ou por outras palavras: dedicação inabalável, inteligência ativa, harmonia criadora, bem como atitude de vida sacerdotal e prestabilidade, que se apóia na nova força-alma esclarecedora.
As núpcias alquímicas de Christian Rosenkreuz I, p. 63

Os primeiros gnósticos pretendiam que sua ciência, a Gnose, se baseava em um quadrado, cujos ângulos representavam, respectivamente, Sigê (o Silêncio), Bythos (o Abismo), Noûs (a Alma Espiritual ou Mente) e Aletheia (a Verdade).
A doutrina secreta, H.P. Blavatsky, v. IV, p. 143

Nos mistérios gnósticos, a pedra angular de Cristo é uma condição fundamental do Espírito, sem a qual não pode ocorrer nada essencial. Se não existir essa pedra básica, a construção espiritual não poderá ser erigida no microcosmo. Essa pedra angular é a força ativa de Cristo no microcosmo, um poder que provém do átomo no coração, o princípio divino.

Portanto, pode-se dizer que a pedra angular de Cristo é, ao mesmo tempo, a rosa-do-coração. Quando a centelha divina for acesa no coração, a construção espiritual poderá ser edificada, ou, em outras palavras, o processo da regeneração total poderá ter início. Quando abrimos o coração para a força-luz que tem sua origem em Cristo, deslocamos nossa atenção do mundo onde vivemos para a vida sutil e silenciosa da outra natureza. Ou, dito de maneira bem simples, nós entramos no mundo do não ser, na essência do tempo, na eternidade.

Através do que foi dito ficou claro que, embora nossa vida seja determinada pelo tempo, não podemos vivenciar o essencial do fator tempo aqui no mundo espacial, porque essa essência pertence a outra natureza, muito diferente. Ela está em relação com a nossa vida anímica interior, e esse aspecto anímico não tem nenhuma ligação com o mundo espacial.

A fim de poder passar para esse mundo do não ser, precisamos morrer em Cristo, isto é, vivenciar o *In Jesu morimur.*

Isso pode acontecer já em vida, como uma forma de anunciação do que está por vir. Dessa maneira,

5 · A PEDRA ANGULAR DE CRISTO ...

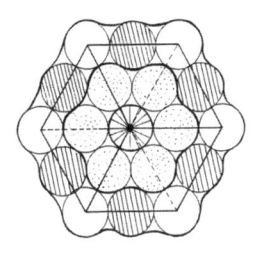

Figura 5

estamos ainda neste mundo espacial, mas já não somos deste mundo.

A Figura 5 mostra a rosa sétupla do coração rodeada pelas doze pétalas da Shoshana alternadas em branco e vermelho. Juntas, as duas rosas formam uma figura que consiste em 19 campos.[5]

O ponto central da rosa sétupla é aqui, ao mesmo tempo, o coração da Shoshana de treze pétalas.

---

[5] Esta figura de 19 campos baseia-se no 19-hexagrama (sequência dos números inteiros de 1 a 19 dispostos em 6 linhas de 5 números). Este é um fator importante e interessante, abordado extensamente no livro de Munin Nederlander, *De Alchemische Bruiloft ontcijferd* (As núpcias alquímicas decifradas). Nesse livro lemos, entre outras coisas, como o 19-hexagrama pode tornar-se mágico (a soma dos números em qualquer linha é a mesma), mediante a disposição dos números nos campos, e como surge a estrutura numérica do Tanque de Betesda e da árvore da vida dos cabalistas judaicos. Ao mesmo tempo, o autor explica que o Tanque de Betesda está em relação direta com a rosa-do-coração (ver Figura 6).

Figura 6

Os dois centros são coincidentes. Essas duas rosas unem o princípio do tempo, o não ser ou eternidade, com o princípio do espaço, o mundo da polaridade. Essa figura com 19 campos contém, por isso, tanto o número do tempo, o 7, como o número do espaço, o 12. Repetimos: os centros das duas rosas são coincidentes.

O coração da Shoshana é ao mesmo tempo o centro da rosa sétupla e por isso representa, na Figura 5, o sol. Nesse contexto, a rosa sétupla está colocada conforme a ordem dos planetas clássicos. É a rosa do 6+1. Ela também simboliza o sol, cercado pelos seis planetas. O ponto central da figura aponta tanto para o sol físico como também para o sol oculto por trás deste, que é o centro de onde a força-luz de Cristo ilumina o universo com seus sete raios.

Para poder perceber isso de maneira clara, é preciso imaginar, de forma tridimensional, o cubo embutido na Figura 5. O cubo surge se unirmos por retas os pontos no centro de todos os círculos da figura. Assim descobrimos exatamente no meio do coração (no círculo central) o ponto que representa o sol físico; esse ponto é o vértice do cubo voltado para nós. O sol oculto também coincide exatamente com esse ponto. Não podemos vê-lo, contudo, porque esse vértice fica oculto, não está voltado para nós. Gravado de forma esquemática em ambas as rosas-do-coração, esse cubo nos remete à pedra cúbica de Cristo, a qual, de uma posição central, abarca tanto o macrocosmo como o microcosmo. Essa pedra angular também constitui o centro do tempo (do não ser) e do espaço (do ser).

Partindo do exposto, podemos concluir que pertencemos ao mundo representado pela borda externa da Figura 5. Vivemos na rotação do mundo espacial duodécuplo, as duas vezes seis pétalas da Shoshana. Entrar na senda gnóstica significa seguir o caminho do meio. Quando sairmos da roda do mundo espacial, participaremos da natureza silenciosa do não ser no centro do microcosmo, do verdadeiro coração. Então penetraremos no mundo do Décimo Terceiro Éon, tal como é descrito no capítulo 6 do evangelho *Pistis Sophia,* e perceberemos realmente que o reino de Deus está mais próximo de nós do que mãos e pés!

6

A HISTÓRIA DA ROSA

*Sou uma fragrante semente de luz
lançada numa espessa floresta,
debaixo de espinhos.
Oh, procura-me e colhe-me!
Traze-me de volta
à eira da Lei Santa,
ao celeiro da Luz!*

O tesouro de luz de Mani

Agora pretendemos relacionar a rosa com o Livro de Ester, do Antigo Testamento. O Livro de Ester é um documento especial e autônomo. Nele o que mais chama a atenção é que o nome de Deus sequer é mencionado. Isso não deixa de ser muito estranho, afinal o nome de Deus consta muitas vezes nos demais livros da Bíblia. "Ester" significa: "eu, que estou oculta". Trata-se da Divindade que apenas se manifesta em oculto. Essa notória circunstância mostra que a história de Ester descreve nossa própria vida. Não é certo ter restado em nós apenas uma pequena centelha do divino? Deus, ao que tudo indica, está ausente de nossa vida. Precisamos procurá-lo, e de maneira tal que essa busca ocupe o centro de nossa vida.

Contaremos aqui a história de Ester porque ela está em relação direta com a rosa-do-coração. Podemos considerar Ester como a personificação de um átomo-centelha-do-espírito ativo. Ela e seus companheiros de infortúnio vivem oprimidos no reino da Média e da Pérsia. Isso aponta para uma prisão em uma situação dualista: Média e Pérsia. Aqui se descreve claramente a vida na cisão própria da natureza da matéria.

O Livro de Ester não conta uma história antiga, ele reflete nossa realidade atual. Por isso, não devemos lê-lo como uma exposição de fundo histórico relativa apenas ao povo judeu. Trata-se da vida de alguém que busca a luz e trata de abrir caminho em meio a um mundo povoado de pessoas que pensam diferente e ainda mantêm o coração e a alma apegados a este mundo dividido.

Ester e seus irmãos no Espírito são estranhos neste mundo, na Média e na Pérsia, por serem diferentes. Sobre eles pesa a ameaça de serem banidos, porque não podem nem querem adaptar-se a este mundo e a suas leis, que lhes são estranhas. Por essa razão, a história de Ester é também a nossa. Nós também estamos à procura da luz de Cristo e somos prisioneiros de um mundo habitado por pessoas que tomam as trevas por realidade. Assim, também podemos viver com Ester em seu mundo de opressão e banimento, mas esperando de forma otimista a libertação.

Até hoje os judeus conservam o Livro de Ester na forma de rolo, assim como os outros documentos do Pentateuco, os primeiros cinco livros do Antigo Testamento. Mas somente o Livro de Ester não é desenrolado e sim desdobrado em quatro partes — ao ser lido uma vez por ano, no dia de Yom Kippur. As quatro dobras formam uma cruz, no centro da qual é colocada uma rosa. Em meio a um mundo repleto de sofrimento e dor, o mistério da salvação ali está envolto em silêncio: é a rosa que contém o segredo de outro mundo.

A história de Ester ocorre após a destruição do templo. Isso significa o início de um processo que interrompeu a ligação direta com Deus. O contato com a Divindade ocorre, então, de outra maneira. O ser humano nasce no mundo da cisão, onde aparentemente Deus está ausente. Ele apenas se comunica com os que abrem o coração para sua luz de amor. No nosso plano de existência, a Divindade está oculta. É certo que ela está presente, mas como relata o Livro de Ester: "Eu vou ocultar-me".

A história da rosa desenrola-se em Susã, a cidadela onde reina em seu trono o rei Assuero, que é o nome bíblico de Xerxes. Susã ou Shushan equivale a Shushana, que é a forma masculina e significa, em princípio, "flor original", sendo geralmente traduzida por "rosa". Tornamos a encontrar essa flor no portal do templo. Antes de adentrar o templo, passava-se por duas colunas, denominadas Joaquim e Boaz. Em cada uma delas havia uma rosa. Dessa maneira, recordava-se que a pessoa estava adentrando o mundo dos mistérios ocultos. Assim, reconhecemos que a rosa assume uma posição central na história de Ester.

É de Susã que o rei Assuero governa a Média e a Pérsia. Portanto, Susã ou Shushan, a cidade que leva o nome da rosa, ocupa um papel de destaque.

O reino de Assuero abrange 127 países. Um rei que governasse não apenas pelas leis naturais reinaria sobre 254 países. O número 127 expressa a medida de uma vida humana que ainda não amadureceu completamente para a realização. O "outro" ainda deve manifestar-se nessa pessoa. Ele está oculto no próprio ser humano: é a força de Cristo, a Divindade oculta que quer curar, santificar novamente o homem. Só então ele poderá ser o representante de um reinado completo, um soberano sobre 254 países. Assuero desconhece o segredo desse outro mundo. Por isso, ele reina apenas sobre a "metade de um reino", recorrendo às leis adequadas a esse reino. Trata-se da lei natural do "olho por olho, dente por dente". Essa é a lei que corresponde à Média e à Pérsia.

Esse rei dá uma grande festa, assim lemos no Livro de Ester, para a qual são convidados muitos soberanos dos países vizinhos. A festa dura bastante tempo, e, em determinado momento, Assuero, orgulhoso do mundo que chama de seu, pede à sua bela esposa Vasti que dance para seus convidados. Porém, ela recusa-se, criando com isso um problema para o rei. Suas leis não previam tal caso. Nesse momento decisivo, ele consulta seus conselheiros. E recebe um conselho de Hamã, uma pessoa importante na história de Ester. Hamã então entra em cena como o representante da contranatureza, o mago sinistro. Ele posiciona-se diametralmente contrário ao mundo de Ester, o que veremos mais adiante neste capítulo. Ele sugere ao rei que mande matar a esposa. Assuero, porém, decide afastar Vasti, e então emissários procuram uma nova esposa para o rei. Após longa busca, Ester é a escolhida.

Após a morte dos pais, Ester morava com o tio, Mardoqueu, que é o polo oposto a Hamã. Ester e Mardoqueu, com seus irmãos no Espírito, formam uma comunidade de pessoas que coloca a rosa no centro da vida. Em Susã vivem dois tipos de pessoas, os que buscam a luz e os que estão submetidos às leis naturais. Aqui reina o antagonismo, personificado, por um lado, pelos seres humanos desta natureza e, por outro, pelos que pertencem ao "outro mundo".

Portanto, Susã é idêntica à Shoshana, a rosa que mostra o vermelho do abraçar este mundo e o branco do abandonar este mundo. Apenas o coração, a décima terceira pétala, pertence a outra natureza. Em meio à grande movimentação, ela vive em silencioso recolhimento, . Ali, as voltas do espaço transformaram-se em um silencioso fluxo do tempo.

Ester vai ao palácio e conquista o coração de todos. Ela é, ao mesmo tempo, uma mulher bela e misteriosa. Ela oculta o segredo de sua origem. Ela nada pode contar ao rei sobre isso, porque ele não entenderia, visto não conhecer o mundo tão diferente do seu. E o que o homem não conhece muitas vezes provoca-lhe a resistência. Por esse motivo, Ester cala.

No transcurso da história, dois mundos defrontam-se em Susã. Após a expulsão de Vasti, cresce o poder de Hamã. Ele é o segundo homem mais poderoso no reino dos medos e persas, logo após o rei. Hamã quer que todos se prostrem em sua presença quando passa pelas ruas de Susã.

Mardoqueu, parente de Ester, trabalha no portal do palácio. Ele não pode abandonar o local porque pertence a Ester. Mardoqueu e Ester, com outros de sua comunidade, são buscadores da luz, pessoas que almejam seguir a senda da santificação. Mardoqueu recusa ajoelhar-se perante Hamã, por não querer curvar-se a leis que lhe são estranhas. Hamã encontra um opositor em Mardoqueu e sente-se extremamente provocado por ele. E acaba reconhecendo que Mardoqueu não é o único a opor-se às suas leis. Por isso, decide livrar-se não apenas de Mardoqueu, mas de toda a comunidade judaica a que ele pertence. Hamã manda levantar uma forca especialmente para o rival.

Todos os que não podem seguir as leis de Hamã enfrentam então uma grande crise. Ninguém vê uma saída, e a situação agrava-se. Quando todos já haviam perdido a esperança, acontece algo que representa uma ajuda inesperada. Reconhecendo o perigo, a comunidade judaica é instada a jejuar por três dias. Será que isso ajudará? Pouco antes do término, Ester convida Assuero e Hamã para um banquete. Hamã sente-se honrado e ainda mais firme em sua posição, enquanto o rei não entende o convite. Ele teme que a reputação de Hamã se torne tão grande que este possa vir a derrubá-lo do trono. O banquete transcorre de forma um tanto estranha, e a situação não se esclarece. Com essa refeição, encerra-se a primeira parte do Livro de Ester. Essa parte da história pertence ainda ao banimento, ao aprisionamento neste mundo.

Então o mundo passa pela grande crise. Desorientados, os judeus são conclamados a jejuar por três dias. Nesse contexto, isso significa que essas pessoas foram instadas a afastarem-se completamente do mundo. Os habitantes de Susã vivem momentos de grande tensão. Algo vai acontecer, mas o quê? E como? Então Ester convida novamente Assuero e Hamã para um segundo banquete. Hamã está encantado com a honraria que lhe é prestada, mas o rei entende cada vez menos. É um enigma para ele por que Hamã está sendo tão honrado.

Assuero está tão agitado com isso, que à noite não consegue dormir. Grande tumulto irrompe dentro e fora do palácio, então ocorre uma mudança inesperada. Segundo a tradição, nessa noite Deus, por intermédio de seu anjo Miguel, explica a Assuero que suas leis naturais já não eram suficientes. Para Assuero fica claro que a realidade em que vive Mardoqueu é a única pela qual vale a pena viver. Esse é um grande choque para Assuero. Ao mesmo tempo, ele reconhece que precisa agir.

Também nessa noite Hamã está diante do portal e é admitido no palácio. Neste ponto da história chegou o momento da reversão. Voltar já não é possível, e a mudança obrigatoriamente ocorrerá agora. Hamã alegra-se porque vai falar com o rei e crê que será honrado por Assuero. Mas acontece justamente o contrário. Hamã recebe ordens de buscar Mardoqueu e vesti-lo como um rei. Hamã tem de conduzir Mardoqueu pelas ruas, precedendo-o e anunciando sua realidade, o mundo que tanto odiava. Hamã está sem fala, mas também Mardoqueu, que não esperava essa reviravolta. Por fim, acontece o segundo banquete nos aposentos de Ester. Essa é a segunda parte do Livro de Ester. Durante o banquete, Ester revela a Assuero o segredo de sua origem. O rei descobre então que sua esposa pertence ao mundo de Mardoqueu, ao mundo quase aniquilado por

Hamã, com sua anuência. O rei está atônito, afinal o mundo de Ester tornou-se também o seu, embora somente agora tenha consciência disso. Ester é o aspecto feminino nele que agora vem à luz, depois de estar oculto por longo tempo.

A segunda parte da história está sob o signo da salvação. A libertação irrompe com força inesperada. Tudo se transforma completamente. As leis naturais de Assuero cedem diante do mundo de Mardoqueu e Ester. A força de Deus, que se pensava estar ausente, abre caminho. Surgem os contornos de outro mundo, um mundo novo. Mardoqueu toma o lugar de Hamã, que é enforcado no patíbulo construído para Mardoqueu. Assuero continua rei, mas suas leis já não são aplicadas. A força da renovação irrompeu, expondo à luz do dia tudo o que estava oculto.

7

A ESTRUTURA NUMÉRICA
DA HISTÓRIA DA ROSA

Quando o filho da rosa vem ao mundo, não é recebido com estima, nada pode considerar seu, ele não encontra um lugar para colocar seu pé nem uma pedra para recostar sua cabeça; ele é um completo estranho.

Os mistérios gnósticos da Pistis Sophia, p. 116

O Livro de Ester, assim como muitos outros relatos bíblicos, está baseado numa estrutura numérica. Apontar todas essas estruturas extrapolaria o âmbito deste livro. Trataremos, portanto, apenas dos números relativos à "rosa-do-coração".

7.1 A vida antes do nascimento
A história de Ester transcorre após a destruição do templo. Isso implica também na existência de uma vida antes da destruição, vida esta que podemos chamar de pré-natal, pois o homem ainda não se encarnara na matéria. A história de Ester é um relato da nossa vida no mundo físico. Antes da destruição do templo, a alma humana

ainda vivia próxima a Deus; o templo estava intacto e visível. O mundo anterior à história de Ester era, na realidade, o período antes da criação. Se queremos identificar a estrutura do livro de Ester, precisamos ter uma ideia de como era o mundo antes da destruição do templo, a fim de compreender a concatenação lógica da história.

Naturalmente, somente podemos aproximar-nos dos acontecimentos anteriores à criação. Com ajuda da geometria, contudo, poderemos tentar desenvolver uma imagem do que ela foi. No início era o círculo infinito do céu ou o "ovo de ouro", do qual surgiu o Deus criador, simbolizado pelo ponto no meio do círculo. Este círculo ou "zero" é o Ein Sof judeu da natureza não revelada, o não ser, o insondável e incognoscível. O universo brotou do vazio da substância divina original; é o infinito, que tudo abarca e mantém. Nesse contexto recordamos as palavras de Goethe, no Fausto: "Nesse teu Nada aspiro a achar o Todo".

No meio desse círculo infinito da matéria divina original está o ponto primordial do Espírito de Deus manifestado, que dá origem ao hierarca do universo vindouro: Adão Kadmon. Desse Adão Kadmon macrocósmico emanam as dez hierarquias celestes dos arquitetos, construtores e carpinteiros da ordem inferior do universo, que edificam o templo nesse Ein Sof ilimitado. O significado místico do templo de Salomão reside na circunstância de que as hierarquias celestes constroem um grande edifício sem o ruído de ferramentas. É a revelação da sabedoria divina, entregue aos homens como um presente sagrado.

Essas hierarquias celestes construíram um universo. Isso significa que o universo inteiro de Adão Kadmon é uno com a substância divina original, da qual ele é, ao mesmo tempo, o representante primordial. Tudo isso pode ser visto como o ponto no centro de um círculo. Em princípio, ambos são iguais, uma vez que o círculo nada mais é do que um ponto em escala maior.

E o desenvolvimento continua. O que relataremos a seguir esclarece sobre a dualidade em nosso mundo. Em seu livro *Letras da vida*,[6] Friedrich Weinreb relata que o Pai celeste, em sua unidade oniabrangente, sentiu o desejo de procurar um companheiro que experimentasse seu amor. Seus servidores celestes assustaram-se e tentaram dissuadi-lo da ideia, advertindo-o de que o homem poderia abusar da liberdade que lhe seria dada, revelando-se um adversário da Divindade. Além disso, eles temiam que o comportamento desse homem os transformasse em criaturas imperfeitas e forças impiedosas.

O Pai celeste hesitou então, pois a liberdade humana também possibilitaria ao homem recusar o amor que lhe seria ofertado. No entanto, como a Mãe celeste prometeu acompanhar o homem em

---

[6] Weinreb, F. *Buchstaben des Lebens*. Weiler: Thauros, 1990.

sua viagem pela terra e concebê-lo à imagem de Deus, o Pai aquiesceu. O Verbo criador divino buscou então um caminho no espaço e transformou-se em uma nova natureza. Ela manifesta-se no Gênesis, onde essa mãe-natureza imaculada é simbolizada. O ponto no círculo, o universo de Adão Kadmon, transforma-se numa linha dividindo o círculo no meio (⊖).

O amor que emanou de Deus criou então uma morada para o primeiro homem à sua imagem e semelhança. A hesitação do Pai, contudo, ficou visível nesse mundo, manifestando-se em uma polaridade, uma vez que Deus criou o céu *e* a terra. A linha no meio do círculo é uma divisória, pois separa em duas partes o círculo, o signo da unidade. Essa polaridade é claramente perceptível na história hebraica da criação. Nela, o Gênesis começa com o bete, a segunda letra do alfabeto hebraico, cujo valor numérico é 2. A criação de nosso mundo, portanto, não começa com o alefe, o 1, e sim com o bete, o 2!

A fase seguinte no desenvolvimento descreve a origem da incipiente vida humana. O primeiro ser humano andrógino no paraíso estava vestido de luz e, portanto, ainda não tinha uma veste de carne. Ele ainda estava bem próximo do Pai celeste.

Depois, o homem físico passou a existir, acontecendo a separação dos sexos. O ser andrógino, vestido de luz, desapareceu. A linha horizontal no círculo é cruzada por outra, vertical (⊕). Assim surgiu a cruz do mundo.

A Mãe celeste fica decepcionada e sofre, pois vê que o Adão físico não sabe apreciar o presente de Deus. Adão esquece-se de sua origem, afasta-se do Pai e cria um mundo próprio para si. A morada visível de Deus desaparece, o templo de Salomão é destruído. E Adão, que já não é homem *e* mulher, é banido do Jardim Celeste. Ele é deslocado para o mundo material. O círculo da unidade divina que o envolvia desaparece, restando somente a cruz +, símbolo da vida e do sofrimento na matéria.

A alma humana não quer nascer neste mundo físico, porém é obrigada a deixar o campo do Pai e somente pode levar em sua viagem através da matéria uma pequena centelha da natureza original. Essa centelha irá lembrar o homem de sua natureza divina: é Deus oculto *em* nós sob a forma do átomo original.

7.2 *O nascimento*
Chegamos agora ao início do Livro de Ester e somos confrontados com o número 3, pois consta na Bíblia que era o terceiro ano do reinado de Assuero. A alma humana foi expulsa da harmonia divina e é obrigada a submergir no mundo da matéria. O contato foi interrompido, o templo foi destruído. O homem abandona a perfeição do campo do Pai, a trindade do mundo celeste, e vai parar no mundo físico. Tendo chegado a

esse ponto, observemos mais uma vez os corpos platônicos, portadores de inúmeros segredos do cosmo. Muitos grandes pensadores ocuparam-se com essas formas através dos séculos, o que não é de admirar-se.

A estrutura interna da história de Ester coloca-nos diante do desenvolvimento da alma humana no mundo físico. Descobriremos que *os corpos platônicos, em sua sequência de formas, refletem de maneira singular o caminho da alma através do mundo da matéria.*

O número 3, associado a Assuero como número masculino e dinâmico, coloca-nos diretamente diante do primeiro corpo platônico, o tetraedro, formado por quatro triângulos equiláteros (ver Figura 8).

Em princípio, a trindade da ordem anterior, a esfera fechada, repete-se com o tetraedro, porém de uma maneira voltada para o exterior. Se antes a trindade divina estava inclusa *na* forma, agora ela volta-se para o lado exterior, e vamos encontrá-la sob a forma dos triângulos que compõem o tetraedro.

No tetraedro, a trindade transformou-se numa pedra de construção espiritual, da qual a matéria é formada. A matéria é indicada com o número 4, que é o fundamento do tetraedro. Ele consiste em quatro triângulos, sendo o representante do espiritual e do material, assim como os números 1

7 · A ESTRUTURA NUMÉRICA ...

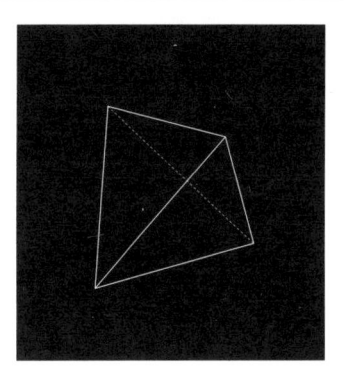

Figura 8

e 4. A base do mundo físico é o número 4, que é a dualidade elevada ao quadrado: 2^2. Outro desdobramento não seria possível em nosso mundo, porque não passaria de uma repetição do número anterior. O número 4 está associado à *Mater Materiæ,* a mãe da matéria. Quando o Pai celeste hesitou se deveria criar um companheiro, a Mãe celeste ter-lhe-ia dito, segundo a tradição:

> *Se estás de acordo, acompanharei o homem no mundo aqui em baixo. E, como mãe, conceberei o homem que criares de ti mesmo, à tua imagem e semelhança. Estarei com ele e com cada um dos que virão ao mundo em sua multiplicidade.*

A palavra "pai" em hebraico é "ab", alefe, bete, valor numérico 1–2. Esses números pertencem ao mundo perfeito do pai, o círculo. A mãe, por sua vez, é "em", escrita com alefe, meme, valores 1–40. Portanto, existe contato com o mundo divino, com o número 1, alefe. Assim, o primeiro homem chama-se Adão, alefe, dalete, meme, 1-4-40. O número 1 aponta para o mundo divino, o 4 e o 40 indicam o mundo físico. Adão (o homem do princípio) nasceu de Deus, porém vive no mundo material do 4.

Verificamos, portanto, que o divino está para o homem físico na relação de 1 para 4. Outro exemplo oportuno, nesse contexto, é a palavra "verdade", alefe, dalete, tave, 1-4-400. A verdade nasceu de Deus, pois leva em si o número 1. No entanto, se retirarmos o 1 dessa palavra, o que resta é "morte", 4-400! A mentira mata a verdade e interrompe o contato com a unidade divina.

Podemos fazer uma leitura de todos esses segredos nos corpos platônicos. Se ligarmos a esfera, o representante da unidade original, ao número 1, então o primeiro corpo, o tetraedro é o 4. É bom ficar claro para nós que são necessárias quatro faces para poder formar um corpo no espaço. Com exceção da esfera, que pode ser considerada um corpo de uma única superfície, não conseguimos formar corpos com duas ou três faces. Portanto, o 4 é o número absoluto do mundo material. O mundo divino está para o mundo físico como o 1 está para o 4.

O círculo é a unidade do mundo do Pai; o tetraedro, o 4, é o primeiro corpo do mundo material, a *Mater Materiæ*, a mãe da matéria. Em princípio, o tetraedro constitui uma nova unidade, embora em outra dimensão, o mundo da matéria. Essa circunstância é demonstrada claramente com os dias da criação. Assim, o primeiro dia da criação é projetado em outra esfera no quarto dia.

1.° dia: $\frac{\text{luz}}{\text{trevas}}$ 4.° dia: $\frac{\text{sol}}{\text{lua e estrelas}}$

A luz primordial materializa-se no sol, no quarto dia — é para isso que o esquema dirige a atenção.

7.3 Assuero

Após a destruição do templo, o homem é banido do mundo original e mergulha na matéria. Mas o Pai celeste colocou uma pequena centelha da luz divina no coração do homem, para que esta o recorde de sua origem. E a Mãe celeste ofertou-lhe na terra sua veste material. Assim o primeiro homem foi colocado em uma nova ordem como Adão, 1–4–40, uma ordem que, em primeira instância, ainda mantinha uma relação de proximidade ao Pai. O 1 no nome de Adão é um indicativo disso.

Assuero é associado ao número 3, porque os acontecimentos começam no terceiro ano de seu reinado, como a história menciona expressamente. Nós relacionamos o rei ao primeiro corpo platônico porque o homem, após a destruição do templo, foi expulso da unidade divina, caindo no mundo da matéria. O número 3 demonstra claramente a unidade sobrenatural na matéria através do número 4, pois são necessários 4 triângulos para construir um tetraedro. O número 3 é a força masculina e dinâmica que interpenetra toda a matéria, a força espiritual oculta na matéria, sem a qual ela se desagregaria. Assuero corresponde a esse número 3, como o primeiro ser humano após a queda do templo. Contudo, por ser após a sua queda, o 3, como número da trindade, não indica tanto o mundo espiritual. Ele representa, muito mais, o homem que perdeu o contato com sua origem. É o Adão caído, não sem o 1, porém este número é esquecido em sua queda. Por isso, a tradição refere-se a ele como um rei tolo, que dirige seu reino com rígidas leis naturais. Ele também é chamado de "meio rei". Seu domínio estende-se por 127 países, porém isso é apenas a metade de um reinado "completo", que abrange 254 países.

Aqui é indicado, em linguagem velada, que Assuero ainda é um homem inconsciente, que vive separado do divino. Esse contato foi interrompido, e o rei vive no aprisionamento da matéria. O mundo que ele governa está dividido. É o reino da Média e da Pérsia.

O homem, mesmo o que vive separado do mundo original, continua seu processo de desenvolvimento. O caminho através do mundo físico é uma senda de desenvolvimento, com o objetivo de religar o homem à sua origem. Ao lado de Adão, o primeiro homem, surge uma mulher, Eva. Ao lado de Assuero também está uma mulher, Ester. Ela abre-lhe um novo mundo, antes desconhecido para ele.

7.4 Ester

Após quatro anos de procura, Ester aparece na corte do rei Assuero. Nós a colocamos sob o número 4, o princípio feminino. O 4 é o fundamento da *Mater Materiæ,* o mundo físico. O 3 o precedeu, como princípio espiritual. O 3 revela-se no 4 como algo concreto e manifesto, em plena concordância com a forma do tetraedro (quatro vezes o triângulo). Já esboçamos antes que a essência do número 3, como força espiritual, interpenetra toda a materialidade. Esse fato repete-se no cubo, uma vez que este pode ser formado por dois tetraedros.

O cubo é o símbolo inequívoco da matéria. Primeiro observaremos o número 4, pois o cubo consiste em quadrados iguais. Deparamo-nos com o número 4 em todas as partes do mundo material. Quatro são as bases nitrogenadas utilizadas na síntese de proteínas, que, em suas variantes, são as construtoras de todos os organismos vivos. Também quatro são os elementos, e no macrocosmo há quatro direções de ventos. O número 4 é dalete em hebraico, representado pelo signo "porta". Ora, através de uma porta pode-se ir para dois lados, para dentro e para fora. Se vamos para dentro, entramos no mundo material. É esse o caso de Assuero, que apenas conhece esse mundo. Ester, contudo, é uma mulher que conhece também outra ordem, a natureza original. Ela entra em um novo mundo através da porta. Ela ligou-se ao número 4. Ele encerra em si a última fronteira da dialética: 2^2. Por isso, o quadrado tem apenas

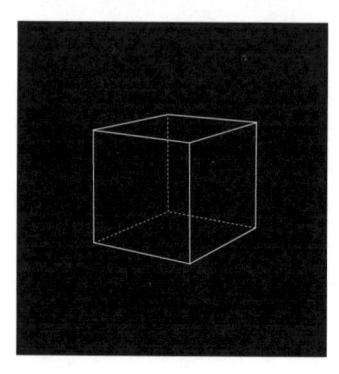

Figura 9a

uma forma na sequência dos corpos platônicos, o cubo.

O mundo dos minerais, como mais importante representante da matéria, começa com três corpos que estão ligados ao triângulo equilátero: tetraedro, octaedro e icosaedro. Com o cubo, formado por quadrados iguais, já se deixa este mundo. Desse modo, o número 4, que pertence ao cubo, indica a fronteira final da natureza física. Na história, Ester coloca o rei, que não tem o conhecimento, diante de um novo estado de consciência.

O princípio feminino do 4 é receptivo ao masculino, e isso é a base para a fusão de ambos os polos mediante a sexualidade. A base dessa sexualidade está oculta na essência do cubo, que é formado por 6 quadrados. Nesse corpo, o 4 acopla-se com o 6 (*sex*, em latim). O 6, número associado ao cubo, atua nesse contexto com o chacra raiz de seis pétalas, de onde emana a energia criadora inferior.

O princípio feminino gerador do 4 pode conceber uma nova vida. A concepção de uma nova forma de vida, no entanto, sempre está ligada a sofrimento. Fisicamente, ele é experimentado nas dores do parto.

No entanto, também podemos entender por fusão do polo masculino com o feminino outra coisa: no plano espiritual, trata-se da união do Espírito com a alma. Esse processo de fusão, contudo, também não é livre de sofrimento. Uma sensação anterior de dor está inevitavelmente associada à conscientização em outro nível, mais elevado. Sem morte não há ressurreição. Não foi por acaso que Jesus foi crucificado na sexta hora do sexto dia. Ele também precisou beber do cálice das dores até a última gota.

A cruz é o símbolo do 6 e corresponde à última letra do alfabeto hebraico, o tave, cujo valor numérico é 400.

Um antigo signo associado ao tave é o de uma cruz deitada. O caminho através da matéria, a vida no sofrimento, vai de 1 a 4 (pois os zeros têm significado secundário). Por isso, o número 400 é idêntico à cruz.

Tudo o que vem após o 400 surgiu desse sofrimento, entrando em um novo estado de consciência. Todos esses segredos estão ocultos no cubo. Por isso, o cubo fechado é o símbolo do mundo físico. E o cubo aberto, em forma de cruz,

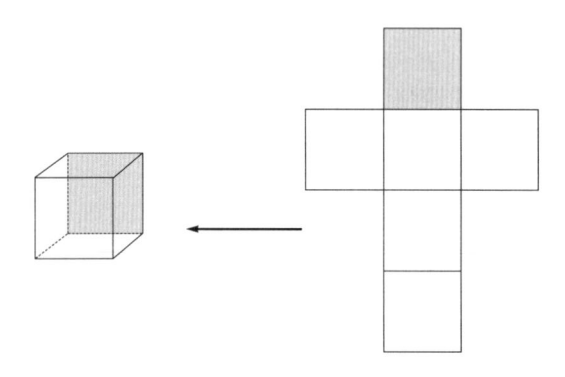

Figura 9b

exprime o sofrimento ligado à vida na matéria (ver Figura 9b).

Analisemos com mais detalhes o tetraedro e o cubo. Eles correspondem aos números 3 e 4, que por sua vez estão na base dos princípios masculino e feminino da vida na matéria. Diante disso, o que se segue é um interessante complemento. A Bíblia menciona três patriarcas: Abraão, Isaque e Jacó. Eles unem-se às quatro matriarcas, Sara, Rebeca, Raquel e Lea, e dão origem às gerações que depois povoariam a terra.

Finalmente, ao leitor não terá passado despercebido que as figuras abordadas até agora, a esfera, o tetraedro e o cubo correspondem respectivamente ao círculo, triângulo e quadrado, que, juntos, formam o símbolo mágico da Escola da Rosacruz Áurea. O círculo simboliza aqui também o reino original ou a eternidade. O triângulo é o

Trigonum Igneum, o fogo divino da renovação que levará o homem ao novo estado de alma.

Antes desse processo, o homem deve estabelecer em seu sistema, neste mundo material, o quadrado da construção. Quando a rosa se abre no coração, a glândula timo exerce um efeito renovador. Essa força modifica o sistema do fígado, baço e das glândulas suprarrenais (os quatro lados). Quando o quadrado da construção tornou-se uma realidade na existência do homem, essa atividade mágica inflama o *Trigonum Igneum* com a ajuda da tireoide, da hipófise e da pineal (os três lados). Então o fogo da renovação virá sobre esse homem, tornando-se ativo nele mediante a força cundalini sêxtupla. Ela é a energia criadora superior, a oitava superior da energia criadora inferior, que se torna ativa mediante o chacra raiz de seis pétalas.

7.5 O rei e a rainha

Após quatro anos de buscas, Ester entra na vida do rei Assuero. Ele sente-se atraído pela jovem bonita, porém percebe algo misterioso que a envolve e o deixa inseguro. Isso o agita e ataca seu mundo, que ele pensava ter sob controle. Assuero não tem a mínima ideia sobre a procedência de Ester. Ela nada pode contar ao rei a esse respeito, porque ele não entenderia. Não obstante, eles se casam, de modo que esses dois mundos tão diferentes de alguma forma se unem. O casamento, porém, mostra uma problemática inicial singular.

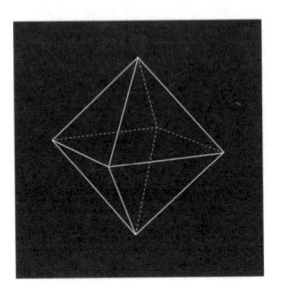

Figura 10

No transcurso da história de Ester, deparamo-nos com o terceiro corpo platônico, o octaedro. A maneira mais fácil de descrever esse prisma é dizer que ele consiste em duas pirâmides juntas (ver Figura 10). Assim como o cubo, o octaedro pode ser construído com dois tetraedros. Todos os corpos platônicos possuem, em princípio, essa forma básica de quatro faces. Temos por exemplo o quadrado, que é figura no meio do octaedro, onde as duas pirâmides se tocam. Nesse poliedro temos a junção dos polos masculino e feminino, do 3 e do 4, como triângulo e quadrado.

O octaedro tem seis vértices, e o número 6 (*sex*, em latim) indica que a energia criadora masculina e feminina se unem, criando assim a possibilidade de uma nova vida, ou seja, de uma nova consciência.

Isso também está contido nessa forma. Essa nova dimensão expressa-se no octaedro mediante as duas pontas das pirâmides. As quatro linhas ascendentes dos triângulos conduzem ao ápice da pirâmide. Esse ponto corresponde ao número 5 e exprime a consciência superior, o novo estado de alma que o ser humano deve realizar em si mesmo. Em outras palavras: o *Trigonum Igneum* é estabelecido sobre o quadrado da construção (a parte média do octaedro). Finalmente, por meio do ápice da pirâmide, a ligação com o reino original pode tornar-se realidade.

A dupla pirâmide revela em si um reflexo, o que é significativo. De fato, as duas pirâmides unidas, o aspecto feminino e o masculino, são um único corpo. Esta imagem nos leva ao significado profundo da primeira letra do alfabeto hebraico, o alefe. O alefe é o signo da unidade divina, como vimos. Essa unidade, inicialmente, ainda espelha-se na terra.

Para reconhecer isso claramente, devemos observar essa letra com mais atenção. Ela consiste em dois iodes, um em cima e outro em baixo, cada um com o valor de 10. Eles estão separados um do outro pelo uau, cujo valor numérico é 6 (ver Figuras 11a e 11b).

alefe (1)
> iode=10
> uau=6
> iode=10
soma=26

O mundo original refletiu-se em sua totalidade como iode, no mundo como ele era no início, a terra na qual vivia o ser andrógino: homem e mulher unidos em *um* corpo. O iode, o 10, é o

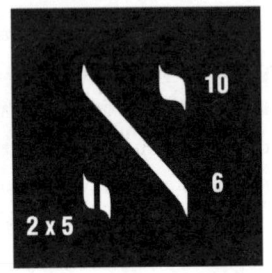

Figuras 11a e 11b

número da plenitude e, nesse contexto, poder ser considerado como o 1 (como se sabe, os zeros não são significativos). Posteriormente, o ser humano passa a existir em dois sexos, e o reflexo modifica-se. Então vemos que o mundo divino (o 10) reflete-se na terra assumindo a forma do ser dividido em homem e mulher que, juntos, constituem um iode (10) partido. O iode, então, desmembra-se em dois hês (valor numérico 5).

$$\text{alefe (1)} \begin{cases} \text{iode} = 10 \\ \text{uau} = 6 \\ 2 \times \text{hês} = 2 \times 5 = 10 \end{cases} \text{soma} = 26$$

O mundo divino é separado da terra por meio de um uau (6). O uau tem como signo o "gancho". Originalmente, o pictograma para essa letra era uma figura humana. Em hebraico, o uau é um sinal de união que poderíamos comparar à preposição "e". Como "gancho", o uau liga elementos que estão separados, o que acontece também no alefe. O ser humano é capaz de ligar a terra e o céu por meio de sua energia criadora superior, o 6 (*sexus*, em latim). Para que essa energia possa ser evocada, é preciso haver uma ligação (um gancho) no ser humano. Esse gancho é o hê, cujo signo é "janela".

Nossa existência no mundo material é como a permanência em uma casa, que tem um quadrado por fundamento. De repente, conscientizamo-nos de que a luz jorra nessa casa escura. Movidos pelo anseio de encontrar a origem dessa luz, descobrimos que a casa tem janelas, além da porta, a letra dalete, correspondente ao número 4 (ver a parte sobre Ester), que nos dá acesso para fora e para dentro.

Essas janelas são as aberturas na casa que nos permitem olhar para o mundo celeste. É através delas que a luz brilha incessantemente dentro das quatro paredes. Nesse sentido, o hê, o número 5, representa a passagem para um novo estado de alma.

Quando renunciamos à polaridade em nós, na qualidade de ser humano "curado", somos capazes de refletir o divino, o iode de número 10, em sua totalidade. Os dois pontos das pirâmides do octaedro são unidos e deixam de ser duas vezes 5, passando a ser 10, como no alefe original.

No entanto, se não for possível seguir nossa vocação superior, isto é, refletir completamente o divino, permaneceremos presos ao movimento circular da natureza. O octaedro, com sua forma de dupla pirâmide, contempla até mesmo essa perspectiva. E deixamos de ver essa dupla pirâmide como alefe, associando sua essência à forma da lemniscata, que representa uma hélice num duplo movimento circular. Quando parece que o círculo superior está para fechar-se, a linha passa a formar o círculo inferior. Essa imagem assemelha-se à das duas pirâmides.

Em princípio, a lemniscata é uma espécie de 8 deitado. O número 8 destaca-se no octaedro por sua formação com base em oito superfícies. A lemniscata é, portanto, uma imagem que representa o movimento circular da natureza. Tudo o que está relacionado ao desenvolvimento humano, isto é, o que tem a ver com espaço e tempo, segue o desenho da lemniscata. Nada se perde na infinitude do universo. Os desenvolvimentos humanos são torcidos, transformados e transmutados, para finalmente tornar a entrar, renovados, no ciclo seguinte da natureza. E assim se repete a história. Concluindo, é preciso relatar ainda que a estrutura alfabética oculta no alefe coincide, ao mesmo tempo, com o padrão básico do nome de Deus, assim como ele se destaca no tetragrama:

Jeová: (יהוה) hê-uau-hê-iode
                5   6   5   10

Nessa palavra está contida a raiz do verbo "ser", "hoveh". "Ser" inclui todos os tempos, ou seja, passado, presente e futuro. (הוה), "hoveh", "ser", expressa o fato de o ser humano estar atado à dualidade da matéria, que é representada por duas metades de um iode (na verdade, são dois hês, 5+5). O homem deve aprender a encontrar o caminho de volta para o mundo divino, que é um iode inteiro, o 10 (ver Figuras 11a e 11b). Todos os relatos no Pentateuco falam sobre isso. Trata-se de acontecimentos passados (e que ainda hão de vir!) que relatam como o homem se afastou de Deus, viveu na separação, para finalmente encontrar o caminho de retorno à unidade, uma trajetória que se expressa nos números 1 > 2 > 1.

Em princípio, estão presentes em Assuero e Ester as possibilidades a que nos referimos de tornar-se "um" em um plano superior. Contudo, muita coisa ainda precisa acontecer até esse elevado objetivo ser atingido! O decorrer da história acelera-se devido aos representantes de dois mundos, nitidamente separados um do outro. O auge é o conflito entre Mardoqueu e Hamã.

7.6 Mardoqueu e Hamã
À medida que aumentava o poder de Hamã, crescia também sua irritação contra o povo judeu no reino da Média e da Pérsia, que era tão diferente. Pessoalmente, seu rancor volta-se contra quem trabalhava todos os dias no portal do palácio, Mardoqueu.

Nessa história, Hamã é a personificação do poder adverso que quer atar o ser humano à matéria. Por fim, ele consegue a aquiescência de Assuero para uma lei que decreta a morte de todos os judeus, de todos os buscadores da luz, inclusive Mardoqueu.

Mardoqueu, cujo nome significa "perfume doce", é o representante de um mundo muito diferente. Assim como Ester, ele sabe a que mundo o ser humano de fato pertence. Por isso, ele permanece perto da raínha, não podendo sair do portal. Ele não se curva às imposições de Hamã, e isso causa grandes dificuldades. Esse atrito manifesta-se e torna-se visível. Tendo em vista essas circunstâncias, passamos a abordar o próximo corpo, o icosaedro. Essa forma possui o maior número de superfícies dentre os corpos platônicos. Ela é formada por 20 triângulos equiláteros. Na sequência de corpos a que já nos referimos, o icosaedro representa uma espécie de salto qualitativo. E ele é tríplice.

Em primeiro lugar, chama a atenção o fato de esse corpo ter perdido a forma angular e tender à esfera original. No final deste capítulo voltaremos ao assunto com mais detalhes.

Em segundo lugar, o icosaedro distingue-se pelo fato de não ser formado por 2 tetraedros, como é o caso do cubo e do octaedro, mas sim por 4 (ver Figura 12). O número de tetraedros de repente duplicou-se, foi elevado ao quadrado.

E, em terceiro lugar, somos confrontados com um número novo e significativo, o 5. O icosaedro, com seus 20 triângulos equiláteros possui 5 superfícies laterais, ao contrário dos demais corpos, que possuem 3 ou 4.

Temos, portanto, uma clara mudança em nossa sequência de formas. Essa modificação está de acordo com a história de Ester. Em Susã a situação se aguça, desembocando em uma grande crise. Dois mundos chocam-se, e isso causa grandes dificuldades. Os judeus estão ameaçados de morte. Esse atrito também está embutido no corpo do icosaedro. Seus quatro tetraedros constituintes não podem ser considerados perfeitos.

Embora exteriormente haja harmonia entre as superfícies dos tetraedros, os eixos longitudinais projetados para dentro desse corpo são mais curtos. Por isso, podemos referir-nos, de fato, a um campo de tensão na forma do icosaedro. Os eixos longitudinais dos tetraedros se comprimem e encurtam reciprocamente, o que perturba sua harmonia.[7]

Tudo isso combina muito bem com a situação em Susã. Os tetraedros são elevados ao quadrado nesse corpo, o que acontece de forma paralela aos acontecimentos na capital. A vida em Susã é o resultado daquilo que o rei e a rainha irradiam. Eles são os representantes de dois mundos que se encontram dentro dos muros da cidade. E essa

---

[7] Ver *Die Weltformel der Unsterblichkeit* (A fórmula mundial da imortalidade), de Michael Stelzner.

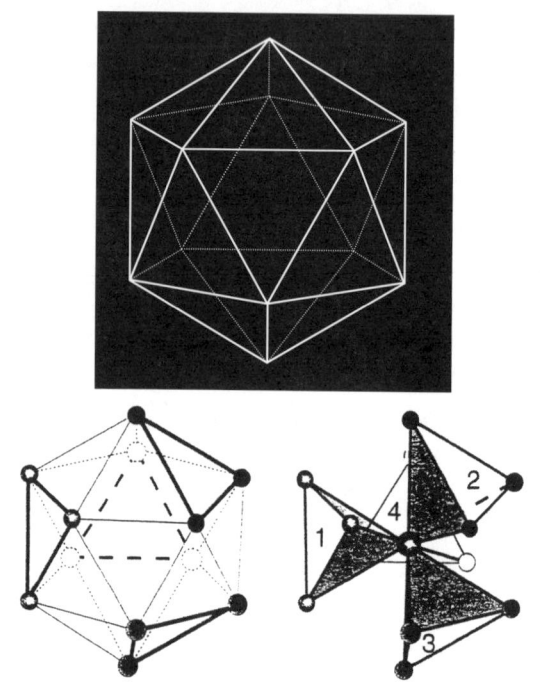

Figura 12

vida atingiu seu limite máximo, como mostra a elevação ao quadrado dos tetraedros do icosaedro. Agora esse limite tem de ser transposto, do contrário as dificuldades seriam insuperáveis. Nesse ponto, ninguém supõe que algo novo já está acontecendo, pois isso ainda não é visível. Em sua existência, o ser humano vê tão-somente o conflito e o desespero.

Apenas observando à distância é possível conseguir um panorama mais amplo e perceber um princípio de harmonia dentro do confronto. Essa harmonia incipiente reside na mudança da forma, no salto de qualidade. Com o icosaedro, aproximamo-nos da esfera como forma. O número 5 das 5 superfícies laterais determinará finalmente a ruptura.

7.7 *A reviravolta*
Ester reinava há cinco anos quando a situação se agrava em Susã. O número 5 pertence ao confronto entre Mardoqueu e Hamã. Ao mesmo tempo, essa é a fase crítica do embate entre duas ordens de natureza diferentes.

Qual dos mundos vencerá? O mundo das formas de Hamã ou a natureza de Mardoqueu, que está sob o signo do "Senhor, não seja feita a minha vontade, mas a tua!"?

Na fase final, é importante concentrar a atenção no momento decisivo. Se somarmos os anos de busca de Assuero, de Ester e o confronto entre Mardoqueu e Hamã obteremos 3+4+5=12.

O número 12, como sabemos, significa plenitude. A hora chegou! E esse número é citado expressamente na Bíblia. Lemos no Livro de Ester que Hamã pensou e analisou, chegando à conclusão de que o povo judeu, os dissidentes, deveriam ser aniquilados — desde o bebê até o ancião — no dia 13 do décimo segundo mês, que é o mês de Adar.

Hamã recebe do rei Assuero o anel que representa plenos poderes para impor suas leis conforme ele desejasse. No dia 13 do primeiro mês, mensageiros são enviados a todas as regiões do reino, a fim de anunciar o infortúnio que se avizinha. A infelicidade e o desespero aumentam durante todo o ano, até o dia 12 do décimo segundo mês. Então as leis naturais necessariamente se cumprirão, uma vez que seu auge foi atingido. Isso é expresso com o número 12.

O dia 13 é o momento da grande mudança. No dia 12 do décimo segundo mês, Adar, acontece uma reviravolta total. Não são os judeus, os dissidentes, que são mortos e sim Hamã e sua família! A situação mudou completamente! Ester, o símbolo do novo aspecto da alma, ao unir-se à velha personalidade, a Assuero, causa uma crise que culmina no confronto entre Mardoqueu e Hamã. Essa situação de crise chega ao auge, para finalmente provocar uma mudança radical. Isso demonstra que a atividade da nova alma não traz tranquilidade e harmonia, mas sim, em primeiro plano, inquietação e desespero a nosso mundo. Quando as forças-luzes começam a manifestar-se, a personalidade é levada até seu limite máximo.

Na história, portanto, a crise surge quando Ester era rainha há cinco anos. E esse estado de coisas somente termina após o dia 12 do décimo segundo mês, Adar. O número 5 encontra sua elevação no número 12. Nesse contexto, podemos mencionar, a título de exemplo, a primeira "multiplicação dos pães". Nesse milagre, cinco pães são multiplicados de forma a saciar a fome de 5000 pessoas, e após a refeição ainda sobraram 12 cestas com pedaços de pão. O 5 pode expressar-se em cada parte de uma dúzia.

Os números 5 e 12 apresentam-se de forma ainda mais significativa no último corpo platônico, o dodecaedro. Ele é formado por 12 pentágonos regulares. Esse corpo combina muito bem com a história de Ester no momento em que a crise está debelada e a situação dá uma guinada de 180°. Mardoqueu não é morto, mas lhe prestam honrarias. Após a morte de Assuero, Mardoqueu torna-se rei, e a paz impera no reino. A velha personalidade ainda é mantida por um período de tempo pequeno, mas já não tem força. Quando o velho homem declina, perece, o novo homem renasce das cinzas como a fênix.

Mardoqueu assume o papel do rei após sua morte, e então é seu mundo que se impõe. Um novo estado de consciência irrompeu, e tudo o que é velho passou. Por isso termina aqui o Livro de Ester. Ele não pode desvendar o que ainda temos de levar à manifestação. O dodecaedro de 12 faces, como último dos corpos platônicos, ajusta-se perfeitamente a essa fase final. Ele é formado por 12 pentágonos.

Verificamos que o 12, como número da plenitude, aguarda até o cumprimento de uma manifestação completamente nova, que então se exprime no número 13. Além do mais, o dodecaedro, o número 5, desenvolve-se plenamente. Ele não apenas é construído por pentágonos regulares, como também pode ser composto por 5 tetraedros. No icosaedro, os tetraedros ainda estavam entalados, o que conduziu à referida situação de crise. Já os cinco tetraedros do dodecaedro não se encontram em atrito uns com os outros.

No icosaedro o pentagrama ainda estava no interior da forma (ver Figura 13). Ele não estava claramente visível. Isso exprime o fato de que a possibilidade de salvação estava presente em plena crise, não tendo sido notada, no entanto, porque todos estavam muito fixados na própria problemática. No dodecaedro a figura de 5 lados vai para fora, é visível para qualquer um. Esse corpo mostra uma dimensão totalmente nova, destacada pelo pentágono, enquanto os outros corpos consistem em triângulos ou quadrados.

O número 5, representado aqui em posição de destaque, corresponde ao desenvolvimento do quinto corpo do ser humano, assim que a rosa-do--coração começa a florescer. Então se desenvolve a capacidade do manas. Mediante a purificação, o velho é posto de lado, de modo que uma nova consciência pode desabrochar.

Também podemos deduzir esse fato, de modo convincente, com base na forma do dodecaedro. Observando-se atentamente esse corpo, verificamos que ele tende para a forma esférica original, embora todos os corpos platônicos sejam angulares. Essa angularidade evidencia-se sobretudo no tetraedro, no cubo, no octaedro e, em medida

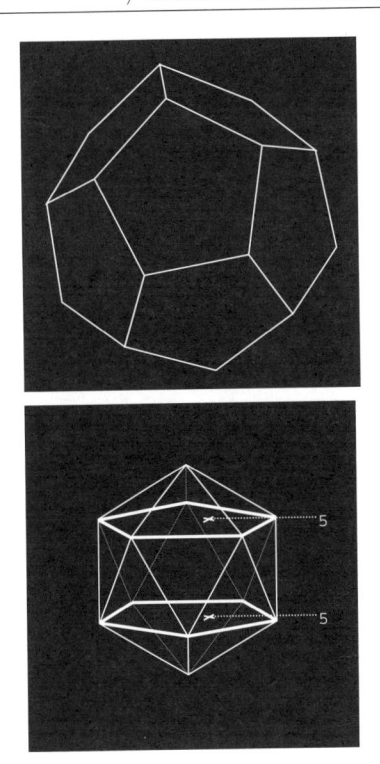

Figura 13

menor, no dodecaedro. Nessa última forma, porém, os ângulos já são mais suaves, e o dodecaedro aproxima-se da esfera.

Por isso, a trajetória de desenvolvimento do homem no mundo material pode ser simbolizada pelos quatro primeiros corpos platônicos. Todos eles provêm da esfera, a representante do mundo original, no qual o homem antes vivia em união com o Pai. Nesse estado, embora ainda fosse inconsciente, ele estava fortemente ligado ao mundo divino. Vivia como ser celeste, como

Adão Kadmon, no Jardim do Éden. Sabemos que a senda do homem foi sair do Jardim do Éden, que era divino, passar pelo caminho de desenvolvimento através da matéria, em direção à Jerusalém celeste.

Nesse contexto, o Jardim do Éden simboliza a forma esférica. O homem, pedra áspera e angulosa, transformar-se-á, por meio da purificação na natureza material, em uma pedra preciosa. Lapidada com esmero, essa joia celeste, o Graal, é a nova Jerusalém.

Na série dos corpos platônicos, é o dodecaedro que representa a joia do Graal. Ele reaproxima-se, de fato, da forma original esférica, o símbolo do Jardim do Éden. No entanto, o homem que entra na nova Jerusalém acrescentou algo a essa esfera. Devido a suas experiências no mundo físico, ele desenvolveu uma consciência superior. Assim, a pedra bruta foi lapidada, tornando-se um diamante refulgente!

Platão também considerava o dodecaedro algo único. Para ele, essa figura era o símbolo da "matéria celeste", com a qual Deus criou os elementos por meio da forma e dos números. Por isso, as antigas escolas de mistérios gregas mantiveram em segredo a estrutura interna da construção do dodecaedro, no intuito de preservá-lo para o futuro. Era estritamente proibido contar algo desse segredo aos não iniciados. O dodecaedro, portanto, leva-nos a uma dimensão completamente nova. Quando o homem chega a esse ponto, ele deixa para trás o mundo material. Por isso, o pentagrama, a estrela de cinco pontas, ainda hoje é tido como símbolo da iniciação. Ele deriva-se do pentágono equilátero, do qual é constituído o dodecaedro.

Como conclusão, podemos acrescentar ainda o seguinte: se somarmos o quadrado dos números 3, 4 e 5, tão importantes na história de Ester, obteremos um notável resultado. A utilização do quadrado desses números mostra que eles atingiram sua realização, sua perfeição.

Assuero está ligado ao número 3. Como homem com a velha personalidade, ele alcançou o auge do desenvolvimento. Ele coloca-se a serviço de Mardoqueu, que assume o reinado após ele. Assuero permanece como o "rei tolo", porém cumpriu sua missão, ao abrir margem para um mundo novo, o mundo de Ester e Mardoqueu. Por isso podemos elevar o 3 ao quadrado: $3^2=9$.

Ester, que representa o número 4, também cumpriu sua missão. Ao buscar a luz, ela permaneceu fiel a si mesma. Atingiu o máximo possível, a fronteira final em sua existência, e, por isso, também elevamos o 4 ao quadrado: $4^2=16$. O número 5 combina com a situação da crise associada à relação entre Mardoqueu e Hamã. O cálice do sofrimento é esvaziado nessa crise até a última gota, atingindo a perfeição. Igualmente elevamos esse número ao quadrado: $5^2=25$.

Se somarmos os quadrados dos números, obteremos: $3^2+4^2+5^2=50$. No capítulo 2 já nos referimos ao número 50. É o 7×7+1, o que representa o oitavo dia, símbolo de uma existência totalmente renovada! O 50.º ano costuma ser considerado um ano comemorativo.

Antigamente, dava-se a liberdade aos escravos nesse jubileu. E como isso é oportuno, considerando-se os acontecimentos como um todo! Como personalidade humana, também somos escravos, acorrentados ao mundo físico. Além do mais, somando-se todos os lados dos corpos platônicos, também se obtém o número 50. Ele corresponde ao oitavo dia, o dia que deixou para trás a existência no mundo material.

Porém, como não alcançamos — ou ainda não alcançamos — o nível representado pelo dodecaedro, permanecemos presos a nosso modo de ser, que está acoplado ao icosaedro. Então a soma dos lados dos corpos, calculando-se do tetraedro até o icosaedro, é 38. O número 38 remete-nos à história sobre o Tanque de Betesda, onde muitos doentes aguardavam a cura. Aqui somos confrontados com a situação em que o homem atingiu o limite de sua existência. Nos corpos platônicos, podemos "ler" a trajetória do ser humano, cuja vida tem origem na natureza divina.

Primeiro temos a esfera, símbolo da unidade divina. Ela distingue-se nitidamente dos quatro corpos seguintes. Platão relacionou o tetraedro com o elemento fogo, e o cubo com o elemento terra, isto é, a forma mais cristalizada da matéria. Na sequência, associou o octaedro ao ar, uma vez que ele, por assim dizer, paira livremente no espaço e pode ser comparado a um gás. Por último, aliou a forma arredondada do icosaedro à água, já que ela se parece à de uma gota d'água.

Os quatro corpos que correspondem aos quatro elementos da natureza física estão para a forma esférica na proporção de 1:4. Já abordamos amplamente essa relação; ela mostra como o divino se situa frente ao mundo físico ou, em outras palavras, como a árvore da vida se relaciona com a árvore do conhecimento do bem e do mal.

Depois desses quatro corpos, há novamente uma fronteira que o ser humano deve transpor. Trata-se da passagem para um estado de consciência mais elevado, representado pelo dodecaedro, o quinto corpo. Nessa fronteira para a outra região de vida, ele esbarra, ao mesmo tempo, no limite da natureza material. Sua vida transcorre através dos três primeiros corpos platônicos até o quarto deles, o icosaedro, no qual os quatro tetraedros que o constituem estão entalados.

Esse estado simboliza a situação do homem que esbarra no limite de sua existência. Essa problemática deixa claro que ele se encontra diante de uma decisão. Ele tem de abrir-se para o impulso de uma nova consciência, porque sua existência na matéria significa apenas uma vida em agitação, violência, enfermidade e morte. Se permanecer nesse estado, contudo, ele acabará construindo a cidade de pedra, Babilônia, a depravada, em vez da cidade celeste, a nova Jerusalém. Então sua vida no mundo físico se cristalizará cada vez mais, sem que ele vivencie o ingresso em um novo estado de consciência, que corre paralelo à passagem para uma nova forma: o dodecaedro, com o número 5 como elemento novo e significativo.

No Tanque de Betesda, um paralítico de corpo e alma espera pela cura há 38 anos. Durante todo esse período, ele tenta chegar até a água e nela descer no momento em que um anjo desce e agita a água, o que representaria sua cura. Nós já identificamos que esses 38 anos, ou melhor, o número 38, correspondem ao número de faces de todos os corpos que representam a vida na matéria.

O Tanque de Betesda possui cinco alpendres com suas colunas. A Bíblia menciona expressamente o número 5. No octaedro, o número 5 desenvolve-se, inicialmente de modo muito sutil, nas pontas superior e inferior (ver Figura 14a).

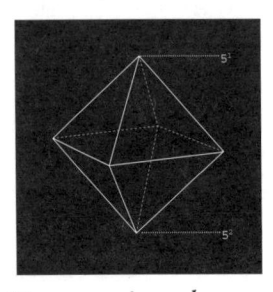

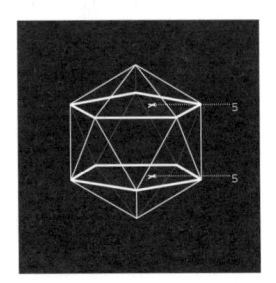

Figuras 14a e 14b

No icosaedro, é como se esses vértices fossem puxados para baixo, transformando-se em dois pentágonos na própria forma, um em frente ao outro (ver Figura 14b). O número 5, não bem visível ainda nas formas anteriores, desenvolve-se plenamente no dodecaedro. Além de ser constituído por 5 tetraedros, 12 pentágonos são claramente visíveis na superfície. Podemos igualmente associar o número 5 ao símbolo do homem ereto que, com braços e pernas abertos, forma o pentagrama. Esse homem abriu o coração para a água viva e será ligado à força-luz sanadora e santificadora que jorra do centro do microcosmo, da rosa-do-coração, e curará todo o seu ser. No momento em que isso acontece, ele é capaz de erguer-se de sua paralisia e de seu torpor. Após 38 anos lhe é possibilitado alcançar a água portadora de vida. Ele dirige-se ao tanque, simbolizado pelos dois pentágonos situados frente à frente no interior do icosaedro. As forças sanadoras e santificadoras banham-no de alto a baixo. O fato de o elemento associado à agua ser o icosaedro confirma o princípio da água do Tanque de Betesda.

Quando o homem se ergue da água sanadora, deixa imediatamente para trás o mundo físico do 38 e ingressa em um novo estado de consciência. Sua pedra, até então áspera, foi polida, transformando-se em um dodecaedro, que encerra o 12 e o 5. O número 12, somado às 38 faces do mundo material, resulta no número 50, que representa o 8.º dia. Agora o escravo se libertou da garra da matéria, e o ser humano adentra a cidade celeste, a nova Jerusalém. Ele entrega o dodecaedro, o Graal-jóia resplandescente, à humanidade, que ainda precisa encontrar esse caminho e trilhá-lo.

Posfácio

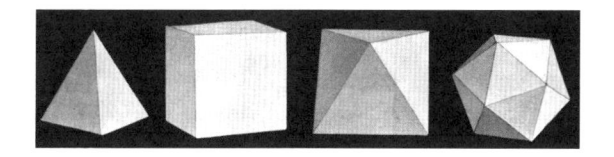

A estrutura interna do Livro de Ester mostra-nos o caminho de desenvolvimento da alma humana através do mundo da matéria. Esse caminho permite o reconhecimento de como a alma foi expulsa do mundo original do Pai, que é comparado a um círculo ou uma esfera, e como a alma, mantendo a ligação com o Pai unicamente por meio de uma centelha no coração, constrói uma existência no mundo físico.

A sequência dos corpos platônicos, da mesma forma, simboliza o caminho de desenvolvimento do ser humano.

Depois de expulsa do Jardim Celeste, a alma foi transferida para o plano físico. Podemos relacionar sua existência na matéria com os quatro primeiros corpos platônicos, na sequência apresentada neste livro.

A ROSA E A CABALA

A passagem para o dodecaedro representa um salto qualitativo, comparável à passagem da esfera para o tetraedro.

Finalmente, após muitas experiências no mundo material, a alma encontra o caminho de volta para tornar a ligar-se ao Pai celeste. É notável que o dodecaedro tenha uma tendência à forma esférica, o símbolo da unidade divina. Se no início a alma vivia inconsciente no mundo original do Pai, mediante o sofrimento na matéria ela adquire consciência. A rosa-do-coração, que no início não passava de um frágil princípio, pode abrir-se agora em toda a sua beleza!

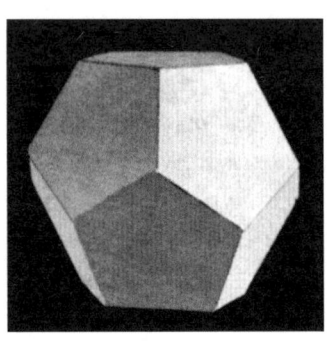

Parte II

I

A RELAÇÃO ENTRE ESTER E A SHOSHANA

Toda a matéria terrena que me envolve,
consome-a com tua luz ainda hoje,
eu te suplico!

O tesouro de luz de Mani

Comparemos agora Ester e a Shoshana. Ester pode ser considerada a personificação da rosa-do--coração. Já indicamos a Shoshana como a rosa de treze pétalas, que está relacionada à vida no mundo material. Somente seu coração é de outra natureza. Há uma nítida concordância entre ambas, o que se exprime também em seus nomes: Ester e Shoshana têm o mesmo valor numérico:

Ester: אסתר 200+400+60+1=661
Shoshana: שושנה 5+50+300+6+300=661

Essa igualdade indica uma semelhança fundamental. É que ambas ocultam um segredo. Ester leva consigo o segredo de sua origem. Ela não pode dizer de onde vem. A Shoshana também oculta em si um mistério. Sua décima terceira pétala, dissimulada entre as outras, carrega em si a vida de outra natureza, enquanto as demais pétalas, dispostas em duas vezes seis, expressam o segredo da criação.

No *Zohar* está escrito que essas doze pétalas estão relacionadas com as palavras no início do Gênesis, que, em números, também são duas vezes seis. As palavras a que aludimos estão localizadas entre a primeira e a segunda vez em que aparece o nome de Deus (Elohim). Na Bíblia lemos o seguinte:

> *No princípio criou Deus | os céus e a terra.*
> *E a terra era sem forma e vazia; e havia*
> *trevas sobre a face do abismo; | e o Espírito*
> *de Deus se movia sobre a face das águas.*

Trata-se das palavras localizadas entre barras (|). A título de elucidação, mostraremos o trecho também em hebraico, para que possamos reconhecer exatamente as doze palavras que estão entre as duas menções aos Elohim:

> *Bereshit bara Elohim | et ha-Shamayim*
> *ve-et ha-arets. Veha-arets hayetah*

Estas são as primeiras seis pétalas brancas:

את	400-1
השמים	40-10-40-300-5
ואת	400-1-6

1 · A relação entre Ester e a Shoshana

הארץ	90-200-1-5
והארץ:	90-200-1-5-6
היתה	5-400-10-5

Seguem, depois, as outras seis pétalas:

tohu vavohu ve-choshech al-peney tehom | veruach Elohim merachefet al-peney ha-mayim.

תהו	6-5-400
ובהו	6-5-2-6
וחשך	20-300-8-6
על	30-70
פני	10-50-80
תהום	40-6-5-400

A terra era vazia e sem forma. E então vem a décima terceira palavra da 13.ª pétala no coração da rosa, que é incolor, porém possui um perfume. Essa 13.ª palavra é o "Ruach Elohim", o Espírito de Deus, no texto bíblico!

Existe, assim, uma clara relação entre "Ruach", o Espírito, e "Reach", a fragrância. Por isso, o Espírito de Deus é comparado a um perfume que se eleva. E também se diz que Deus sente nosso cheiro, nem sempre uma fragrância agradável!

Mardoqueu também é associado ao conceito de "perfume". Seu nome é relacionado à "boa fragrância". Tanto Mardoqueu como Ester trazem à Susã, a cidade da Shoshana, a flor original.

Portanto, o segredo da vida original na Shoshana é expresso pela 13.ª pétala, como o perfume da Divindade. A vida entra na pessoa de Ester, cujo nome significa: "eu, que estou oculta".

Finalmente, não é de admirar-se que a Shoshana esteja relacionada com a criação, uma vez que, desde o início dos tempos, a natureza divina está presente no coração do homem na forma de uma centelha latente. No capítulo seguinte, compararemos a Shoshana à Chabatstseleth e trataremos de outro aspecto da criação.

2

Shoshana e Chabatstseleth

Como num espelho do coração vejo o amado de quem falaram tantos iniciados. O mundo do santo Outro me é revelado como olhos que me fitam. Vejo como o botão de rosa realça suas pétalas, que o átomo milagroso consiste em sete átomos, e como, com as poderosas palavras "Que haja luz", essa constelação sétupla se abre como um universo em expansão.

Os mistérios gnósticos da Pistis Sophia, p. 207

Já comparamos a Shoshana com Ester. É interessante examinar agora onde a Chabatstseleth aparece na Bíblia. Assim como existe uma relação entre Ester e a Shoshana, também há uma ligação entre a Shoshana e a Chabatstseleth. Ambas têm um significado na Bíblia, no Cântico dos Cânticos.

O Cântico dos Cânticos é um dos livros menos compreendidos da Bíblia. Devido a seu tom sensual, muitos teólogos consideraram o texto desse documento um tanto erótico, com o qual não sabiam o que fazer. Porém, se colocarmos este livro com seu conteúdo altamente poético no contexto correto, chegaremos a uma conclusão muito diferente. O nome desse livro em hebraico é Shir – ha – Shirim, que significa "o cântico dos cânticos". O nome em si já demonstra que não se trata de uma canção qualquer. É muito mais do que isso. O nome significa que ele contém a essência dos cânticos, um elemento da mais alta importância. Shir, שיר, não significa apenas canção como também regra. Os valores numéricos que correspondem à palavra são: 200-10-300. Trata-se, na verdade, de uma fórmula ou regularidade.

Shir – ha – Shirim

(שידהשידים | 40-10-200-10-300-5-200-10-300) pode ser traduzido como essência da melodia ou regra das regras. Trata-se de uma canção de amor que o rei Salomão dedicou à sua amada Sulamita.

Shelomoh (Salomão) (שלמה), filho de David, pertence à oitava geração e, por isso, tem o direito de construir o templo. No Shir – ha – Shirim, ele entoa o cântico dos cânticos à sua amada Shulamith (Sulamita) (שולמית), e ela lhe responde. É um diálogo entre pessoas que se amam e não somente em sentido terreno.

No Cântico dos Cânticos, livro do Antigo Testamento, já há um fraco brilho da luz de Cristo em contraponto ao hino ao amor da Primeira

Epístola aos Coríntios, que diz no capítulo 13, versículo 1: "Ainda que eu falasse as línguas dos homens e dos anjos, e não tivesse amor, seria como o metal que soa ou como o címbalo que retine".

O desenvolvimento da alma humana é descrito no Cântico dos Cânticos, da mesma forma que no Livro de Ester. Outro ponto importante é que, mediante esse texto, fica claro por que existem duas rosas-do-coração na gnosis judaica. No prólogo ao poema, a noiva entoa seu canto ao noivo: é o anelo pelo Espírito de Cristo:

Beije-me ele com os beijos da sua boca;
porque melhor é o teu amor do que o vinho.
Suave é o aroma dos teus unguentos;
como o unguento derramado é o teu nome [...]

A noiva está encantada com o aroma do unguento. Em hebraico, o conceito "o ungido" é idêntico aos de "Messias" e "Cristo".

No Cântico dos Cânticos, portanto, o Espírito de Deus é novamente comparado a um aroma, uma fragrância! Depois, a noiva diz:

Não olheis para o eu ser morena
porque o sol resplandeceu sobre mim.

É claro que a alma foi desonrada em sua trajetória pelo mundo. Não obstante, acha-se no direito de encontrar o Espírito de Deus.

No cântico, trata-se de um encontro noturno entre a alma adormecida e o Espírito. Detrás dos véus da consciência diurna, a alma vivencia seus sonhos de realização. Muitas vezes, contudo, a alma sente uma separação, pois o noivo não se dá a conhecer imediatamente à noiva. A alma deve passar ainda por diferentes estágios de sofrimento, antes de que, totalmente purificada, possa entregar-se ao Espírito. No capítulo 2 surge então a Shoshana. A noiva Sulamita (forma feminina de Salomão) diz a seu amado:

Eu sou a rosa de Sarom,
o lírio dos vales.

Atente-se à diferença entre as duas flores: primeiro a rosa e depois o lírio. Em hebraico, essa passagem é assim:

Ani Chabatstseleth ha Sarom
Shoshana ha amaqim.

Numa tradução literal, isso significa:

Eu sou a Chabatstseleth de Sarom,
eu sou a flor dos vales.

No caso de Sarom, não se trata de uma região geográfica. Sarom contém a palavra "Shar" ou "Shir", cujo significado é canção. Assim, nesse verso também podemos ler: "Eu sou a canção ou a melodia". E depois: "Eu sou a flor dos vales". Essa flor é a Shoshana, que é diferente da

Chabatstseleth. Ela é a flor dos vales, uma expressão que nos diz ser ela parte deste mundo. É a rosa bicolor do circuito fechado desta ordem de natureza.

Em princípio, Sulamita, a noiva, diz a seu amado que ela é a Chabatstseleth, a rosa unicolor de Sarom, que conhece a canção da Shoshana bicolor, a rosa dos vales. Quanto à sua origem, ela pertence à unidade divina. Contudo, ela sabe que o mundo está dividido e conhece suas leis e regras. Isso já está contido na palavra "Shir". O noivo, Salomão, responde-lhe com as seguintes palavras:

*Qual o lírio entre os espinhos
tal é meu amor entre as filhas.*

Salomão vê sua noiva como alma vulnerável, que deve passar por experiências dolorosas no mundo material; estas são denominadas, no poema, espinhos pontiagudos, nos quais ela pode ferir-se.

Essa imagem nos traz à lembrança o profundo conto da Bela Adormecida, no qual a alma da princesa, em seu sono mortal, espera pelo toque salvador do Espírito, do príncipe.

Salomão e Sulamita anseiam um pelo outro e finalmente se encontrarão. No entanto, a alma somente pode unir-se ao Espírito depois de passar pelas diversas etapas de desenvolvimento no mundo físico. Esse processo é inevitável e tem determinadas consequências. Por conseguinte, a Chabatstseleth unicolor imediatamente dá lugar à Shoshana bicolor. A unidade original com o Espírito não pode manifestar-se como tal na dualidade da natureza material. Por meio do caminho de desenvolvimento, a alma vivencia um sentimento de estar separada do Espírito.

Nos Cantares de Salomão, esse doloroso acontecimento é expresso pela mudança do local da ação. De repente, desaparece o cenário do jardim paradisíaco, e a noiva se encontra numa cidade, na qual procura desesperadamente por seu amado. Ela descobre que o guardião do portão da cidade a separa de seu noivo, interpondo-se entre os dois como o guardião do umbral. A cada instante ela se depara com o guardião e lhe indaga se viu seu amado. Em determinado momento, ela tem uma percepção do noivo, mas de outra maneira: ela torna-se consciente da própria grandeza. Ele não está sozinho, porém rodeado por sessenta poderosos príncipes e espadachins, como um grande rei.

No quarto capítulo, o noivo enaltece a amada. A imagem do jardim é mostrada agora de modo muito diferente. O noivo já não vê a noiva como uma flor única no paraíso, mas como quem carrega em si todo o jardim, como se de seu interior ressurgisse o paraíso perdido.

Jardim fechado és tu,
minha irmã, esposa minha,

manancial fechado, fonte selada.
Os teus renovos são um pomar de romãs,
com frutos excelentes, o cipreste com o nardo.
O nardo, e o açafrão, o cálamo, e a canela,
com toda a sorte de árvores de incenso,
mirra e aloés,
com todas as principais especiarias.
És a fonte dos jardins,
poço das águas vivas,
que correm do Líbano!

No quinto capítulo, ela está novamente sozinha e sente a separação do Espírito como grande sofrimento. A noiva agora, inclusive, é espancada pelo guardião do portal. A alma atingiu o estágio em que deve conhecer sua própria história de sofrimentos. Essa via-crúcis não pode ser-lhe poupada. Ela nota que seu amado está diante da porta, mas ao abri-la não vê ninguém.

Eu abri ao meu amado, mas já o meu amado
tinha-se retirado, e tinha ido;
minha alma desfaleceu quando ele falou;
busquei-o, e não o achei,
chamei-o, e não me respondeu.
Acharam-me os guardas
que rondavam pela cidade;
espancaram-me, feriram-me,
tiraram-me o manto
os guardas dos muros.

A alma atingiu agora uma fase na qual não escapa de nenhum sofrimento. Com humildade, ela deve aceitar sua via-crúcis. O noivo tão amado agora já não é visto como *um* ser humano, mas como *o* ser humano.

Os seus olhos são como os das pombas
junto às correntes das águas,
lavados em leite,
postos em engaste.

Essas imagens lembram o Espírito de Deus que se movia sobre as águas, e também o batismo no Jordão, quando o Espírito Santo surge como uma pomba branca.

No sexto capítulo, o noivo é encontrado. Ele vê a alma, já crescida, sobressair-se entre sessenta rainhas e oitenta concubinas e virgens.

Quem é esta que aparece como a alva do dia,
formosa como a lua,
brilhante como o sol,
terrível como um exército com bandeiras?

A alma humana cresceu tanto que se torna a mulher cósmica, vestida de sol, lua e estrelas. A escuridão da noite foge, e a aurora irrompe.

O sétimo capítulo assemelha-se a uma canção primaveril, uma canção para dançar, já iniciada no final do capítulo anterior. A noiva, a alma, é enaltecida em todos os seus aspectos. Após a noite escura, ela está novamente nas delícias do jardim do paraíso.

2 · Shoshana e Chabatstseleth

[...] levantemo-nos de manhã para ir às vinhas,
vejamos se florescem as vides,
se já aparecem as tenras uvas,
se já brotam as romãzeiras [...]

No oitavo capítulo, a alma é despertada plenamente da escuridão para a aurora. Ela vê então que lhe é permitido aspirar a ser a noiva de Cristo, e que ele quer ser um irmão de toda a humanidade.

Debaixo da macieira te despertei,
ali esteve tua mãe com dores;
ali esteve com dores aquela que te deu à luz.

Lembramos que, no capítulo 4, a noiva foi descrita como um jardim fechado e fonte selada.

Jardim fechado és tu,
minha irmã, esposa minha,
manancial fechado, fonte selada.

Quando a alma encontra seu destino, rompem-se os velhos selos, e a força de Cristo traz ao ser humano um novo selo.

Põe-me como selo sobre o teu coração,
como selo sobre o teu braço,
porque o amor é forte como a morte,
e duro como a sepultura o ciúme;
As suas brasas são brasas de fogo,
com veementes labaredas.
As muitas águas não podem

*apagar este amor,
nem os rios afogá-lo.*

Após as palavras do selamento, vem uma canção de louvor ao amor impessoal, que é comparável ao amor mencionado por Paulo no Novo Testamento: "Ainda que eu falasse as línguas dos homens e dos anjos, e não tivesse amor, seria como o metal que soa ou como o címbalo que retine."

Depois de unida ao Espírito, a alma está diante de um reinício. Mesmo nesse estágio incipiente, ela deve recomeçar. Por isso diz o Cântico dos Cânticos:

*Temos uma irmã pequena,
que ainda não tem seios* [...]

Assim descobrimos que muito antes da era cristã, uma centelha do que nos foi profetizado no Novo Testamento já brilhava no Cântico dos Cânticos. Por isso, podemos comparar o poema de amor do casal de noivos Salomão e Sulamita com as *Núpcias alquímicas de Christian Rosenkreuz,* de Valentim Andreæ, pois ambos os textos tratam da relação entre o Espírito de Cristo e a alma humana. Aliás, nos séculos 16 e 17 muito se apreciava o valor do Cântico dos Cânticos.

No frontispício da capa da obra *Figuras secretas dos rosa-cruzes,* estão impressas, abaixo da figura de Cristo, os seguintes versos do Cântico dos

2 · Shoshana e Chabatstseleth

Cânticos: "Eu sou a rosa de Sarom, o lírio dos vales".

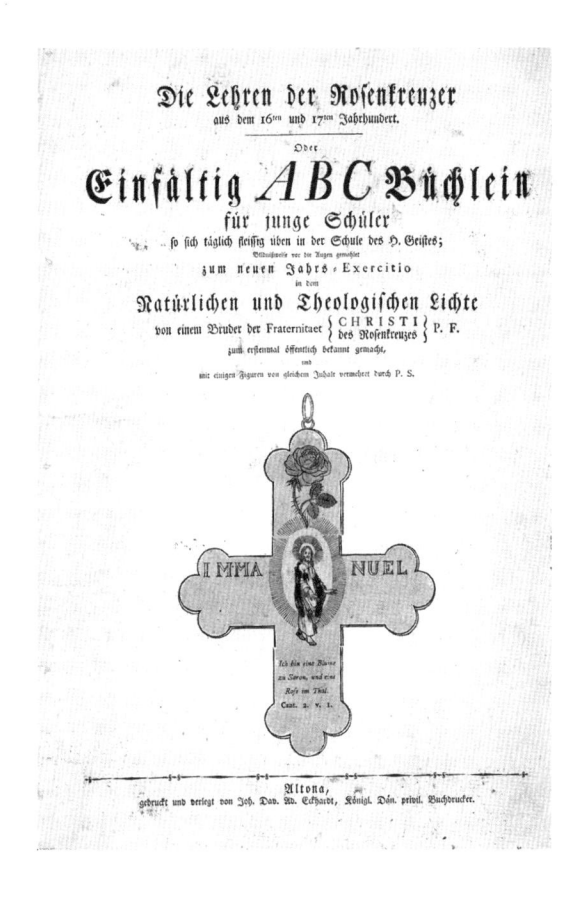

Também vemos ali, em vez das representações comuns, uma imagem de Cristo vivo na cruz, debaixo da rosa com nove espinhos. Essa imagem quer dizer que Cristo desceu do cosmo atravessando nove hierarquias, para preencher com sua luz a alma do homem que vive nos vales da dualidade, desde que ele se tenha preparado para isso. O nome "Emanuel" também indica esse fato, já que seu significado é "imanente" ou "Deus conosco".

Em síntese, a Chabatstseleth é a rosa da unidade, simbolizada por Sulamita, a rosa de antes da criação. Também podemos interpretar essa Chabatstseleth como a árvore da vida. Depois surge o mundo da dualidade. O movimento tem início, e a Chabatstseleth dá lugar à Shoshana, a rosa dupla que oculta em si o segredo da criação. Ela pode ser comparada à árvore do conhecimento do bem e do mal. No Cântico dos Cânticos, a alma humana, após andar perdida por muito tempo, finalmente é unida ao Espírito de Cristo. E então a Chabatstseleth, como símbolo da unidade, passa novamente para o primeiro plano.

Talvez seja supérfluo indicar que as imagens de tempo na Bíblia se sobrepõem como camadas transparentes. Passado, presente e futuro surgem diante de nós como uma poderosa imaginação. Talvez o Cântico dos Cânticos e o Livro de Ester descrevam acontecimentos reais do passado. No entanto, muito mais importante é o fato de que o hoje atual encontra ali sua expressão, assim como também o que ainda está para acontecer no futuro.

3

A RELAÇÃO ENTRE NÚMERO
E LINGUAGEM NO HEBRAICO

Como empregamos alguns conceitos e palavras em hebraico neste livro, é conveniente acrescentar algumas explicações sobre esse idioma.

A diferença mais importante entre o hebraico e as línguas ocidentais modernas é a circunstância de que não há vogais no hebraico. A língua escrita somente consiste em consoantes. É preciso usar a língua, os dentes e os lábios para pronunciá-las. Por isso, elas estão relacionadas com o corpo físico.

As consoantes, contudo, são "animadas" pelas vogais, que dão ao todo melodia, tom e sentido. É como se a palavra adquirisse, graças ao acréscimo das vogais, uma animação espiritual que brota do interior do ser humano. As vogais, por assim dizer, são "sopradas" pela corrente de ar dos pulmões. Por soarem desde o imo do ser humano, portanto, as vogais são associadas ao aspecto da alma. Assim, mediante essa animação espiritual, a palavra adquire uma força criadora mágica, de modo a poder chamar algo à vida. Isso nos remete à criação, uma vez que Deus criou o mundo por meio do Verbo. Deus fala, e o mundo surge.

O alfabeto hebraico, portanto, é formado de consoantes. Elas constituem o fundamento da palavra, e cada pessoa tem de infundir-lhes ânimo à sua maneira.

Outra característica importante do hebraico é a profunda ligação entre número e língua. A palavra "gematria" deriva, ao que tudo indica, do grego *grammateia,* pois também no idioma grego existe essa relação. A gematria indica justamente a relação entre números e palavras. Em muitas línguas modernas ainda é possível reconhecer essa antiga ligação. Assim, por exemplo, temos em alemão as palavras *Erzählung* (conto) ou *erzählen* (contar uma história), que ainda contêm o verbo *zählen* (contar). No francês também há algo comparável, como por exemplo com as palavras *raconter* (contar) e *compter* (contar).

O autor Friedrich Weinreb vai ainda mais adiante. Em seu livro *Schöpfung im Wort*[8] (A criação no Verbo), ele afirma que, na Bíblia em hebraico, realmente apenas nos deparamos com números. O "alefe" não vem antes do "bete" porque assim

---

[8] O título da edição inglesa é *Roots of the Bible,* e o da holandesa é *De bijbel als schepping* (N.E.)

3 · A RELAÇÃO ENTRE NÚMERO E LINGUAGEM ...

tem de ser, mas porque o "alefe" representa o número um, e este tem de vir antes do dois.

Visto dessa maneira, esse idioma adquire um aspecto filosófico, e portanto objetivo, que falta às línguas ocidentais modernas, as quais sempre possuem, por isso, uma conotação pessoal. Diferentes pessoas fazem uso de diversas imagens para determinado conceito. Contudo, se certas palavras estão ligadas a determinados números, então não podem surgir divergências sobre os conceitos. O valor é igual para todas elas.

Assim era num passado longínquo antes da confusão das línguas na Babilônia, quando os idiomas antigos ainda possuíam certa objetividade. Os povos daquele tempo utilizavam uma protolíngua e tinham, por isso, a possibilidade de acrescentar um elemento objetivo ao seu mundo de sentimentos.

Idiomas como o hebraico e, em menor escala, também o grego apresentam, embora de forma atenuada, elementos dessa protolíngua que era um bem comum no passado e se perdeu na confusão das línguas da Torre de Babel. Naquela época, então, número e lingua ainda estavam firmemente interligados.

A melhor maneira de se comparar tal linguagem numérica objetiva é com a música. Por meio da música é possível transmitir estruturas de sentimentos de forma mais ou menos objetiva. Com base nesse exemplo é que deve ser vista a estrutura fundamental das protolínguas. O idioma expressava-se ao mesmo tempo em imagens que davam forma ao valor de uma palavra ou às qualidades de determinada pessoa.

Nome e número estão mais fortemente ligados do que palavra e número, especialmente quando se trata de expressar o nome de uma divindade.

Isso fica claro no latim:

Numerus		número
Nomen	unidade do	nome
Numen		divindade

O versículo 17 do capítulo 54 do livro *O evangelho dos doze santos* diz:

> *E, vindo Jesus a um lugar onde cresciam sete palmeiras, juntou seus discípulos à sua volta, e a cada um deu um número e um nome, conhecidos apenas pelo que os recebia.*

As letras hebraicas são primariamente números. Além disso, a cada uma delas está associada uma imagem. A letra "alefe" é "cabeça de boi", a letra "bete" é "casa".

Naturalmente essas imagens têm um significado profundo e dão a letras e números uma expressão específica.

3 · A RELAÇÃO ENTRE NÚMERO E LINGUAGEM ...

Damos abaixo uma lista das letras do alfabeto hebraico, com seus respectivos números e imagens. Finalizando, é preciso indicar ainda que essa língua é lida da direita para a esquerda.

1	א	alefe	cabeça de boi
2	ב	bete	casa
3	ג	guímel	camelo
4	ד	dálete	porta
5	ה	hê	janela
6	ו	uau	gancho
7	ז	zaine	arma
8	ח	hé	cerca
9	ט	tete	útero
10	י	iode	mão
20	כ (ך)	cafe	palma da mão
30	ל	lâmede	vaqueiro
40	מ (ם)	meme	água
50	נ (ן)	nune	peixe
60	ס	sameque	cobra d'água
70	ע	aine	olho
80	פ (ף)	pê	lua
90	צ (ץ)	tsadê	anzol
100	ק	cofe	olho do mundo
200	ר	rexe	cabeça
300	ש	xine	dente
400	ת	tave	sinal

Bibliografia

As ilustrações mencionadas entre parênteses dizem respeito às ilustrações deste livro retiradas dos livros citados.

Adam, P. & Wyss, A. *Platonische und Archimedische Körper, ihre Sternformen und Polaren Gebilde* (Corpos platônicos e arquimedianos, suas formas estelares e estruturas polares). Stuttgart: Freies Geistesleben, 1994. (Figuras 8, 9, 10, 13 e 14).

Bailey, A. *Psicologia esotérica*. Niterói: Fundação Cultural Avatar, 1990.

Bindel, E. *Die geistigen Grundlagen der Zahlen* (A base espiritual dos números). Stuttgart: Verlag Freies Geistesleben, 1958.

Blavatsky, H.P. *A doutrina secreta*. São Paulo: Pensamento, 1973. v. IV.

Bock, E. *Das Lied der Lieder. Das Hohelied Salomonis* (O Cântico dos Cânticos de Salomão). Stuttgart: Urachhaus, 1999.

Eppinger, H. & Meij, L. van der. *Het mysterie van de twaalf en de betekenis van de dertiende:*

geesteswetenschappelijk onderzoek naar de grondslagen van een nieuwe christelijke gemeenschapsvorming (O mistério dos doze e o conhecimento do décimo terceiro: investigação espiritual sobre os fundamentos da formação de uma nova comunidade cristã). Zeist: Zevenster, 1983.

Fischer, O. *Der Ursprung des Judentums im Lichte alttestamentlicher Zahlensymbolik und weitere Beiträge zur orientalischen und griechischen Zahlensymbolik* (A origem do judaísmo à luz da simbologia numérica no Antigo Testamento e outras contribuições ao simbolismo oriental e grego dos números). Leipzig: Diederich'sche Verlagsbuchhandlung, 1917.

Goethe, J.W. *Fausto: Uma tragédia*. São Paulo: Editora 34, 2007. v. 2.

Harrison, C.G. *The transcendental universe: six lectures on occult science, theosophy, and the Catholic faith* (O universo transcendental: seis palestras sobre ciência oculta, teosofia e a fé católica). Londres: Temple Lodge, 1988.

Jinarajadasa, C. *Teosofia prática*. São Paulo: Teosófica, 2012.

Leadbeater, C.W. *Os chacras*. São Paulo: Pensamento, 2006.

Magia, Alchimia, Scienza dal '400 al '700: l'influsso di Ermete Trismegisto (Magia, Alquimia,

Ciência de 400 a 700: A influência de Hermes Trismegisto). Amsterdã: BPH, 2002.

Siegert, C.M. (Ed.) *Mani's Lichtschatz* (O tesouro de luz de Mani). Haarlem: Rozekruis Pers, 1999.

Melchizedek, D. *O antigo segredo da flor da vida.* São Paulo: Pensamento, 2012. v. 1. (Figura 4).

Müller, E. *De Zohar* (O Zohar). Deventer: Ankh--Hermes, 1984.

Nederlander, M. *De Alchemische Bruiloft ontcijferd* (As núpcias alquímicas decifradas). Roterdã: Metamorfose, 1998. (Figura 6).

Ouseley, G.J. *O evangelho dos doze santos.* Jarinu: Lectorium Rosicrucianum, 2012.

Poncé, C. *Kabbalah: an introduction and illumination for the world today* (Cabala: uma introdução e iluminação para o mundo hoje). Wheaton: Quest Books, 1978.

Purucker, G. de. *Studies in Occult Philosophy* (Estudos em filosofia oculta). Pasadena: Theosophical University Press, 1973.

Rijckenborgh, J. van. *As núpcias alquímicas de Christian Rosenkreuz I.* São Paulo: Lectorium Rosicrucianum, 1993.

Rijckenborgh, J. van. *Os mistérios gnósticos da*

Pistis Sophia. Jarinu: Lectorium Rosicrucianum, 2012.

Steiner, R. *Der Orient im Lichte des Okzidents* (O Oriente à luz do Ocidente). Dornach: Rudolf Steiner Verlag, 1982; edição inglesa: *East in the Light of the West*. Londres: G.P. Putnam's Sons, 1922.

Steiner, R. *Der Pfingstgedanke als Empfindungsgrundlage zum Begreifen des Karmas* (A ideia de Pentecostes como base sensível para o entendimento do carma). Dornach: Rudolf Steiner Nachlassverwaltung, 1970.

Stelzner, M. *Die Weltformel der Unsterblichkeit* (A fórmula mundial da imortalidade). Wiesbaden: VAP, Verlag für Aussergewöhnliche Perspektiven, 1996.

Stracke, V. *Das Geistgebäude der Rosenkreuzer: Wie kann man die Figuren der Rosenkreuzer heute verstehen?* (O edifício espiritual dos rosa-cruzes: Como podem ser compreendidas hoje as figuras dos rosa-cruzes?). Dornach: Verlag am Goetheanum, 1991.

Weinreb, F. *Schöpfung im Wort: Die Struktur der Bibel in jüdischer Überlieferung* (A criação no Verbo: a estrutura da Bíblia na tradição judaica). Weiler: Thauros Verlag, 2012; edição inglesa: *Roots of the Bible: An ancient view for a new outlook* (Raízes da Bíblia: uma visão antiga para uma nova perspectiva). Braunton: Merlin Books, 1986; edição holandesa: *De bijbel als schepping* (A Bíblia como criação). Wassenaar: Servire, 1963; edição em espanhol: *Kabbala: La Bíblia, Divino Proyecto del Mundo*. Buenos Aires: Sigal, 1991.

Weinreb, F. *Vom Geheimnis der mystischen Rose* (Do segredo da rosa mística). Munique: Thauros Verlag, 1983.

Weinreb, F. *Die Rolle Esther* (O rolo de Ester). Berna: Origo Verlag, 1980; edição inglesa: *Chance. The Hidden Lord* (Chance. O senhor oculto). Braunton: Merlin Books, 1986; edição holandesa: *Ik die verborgen ben* (Eu, que estou oculta). Wassenaar: Servire, 1974.

Weinreb, F. *Buchstaben des Lebens* (As letras da vida). Weiler: Thauros Verlag, 1990; edição holandesa: *Letters van het leven* (As letras da vida). Deventer: Ankh-Hermes, 1981. (Figura 11).

Weinreb, F. *Das Lied der Lieder* (O Cântico dos Cânticos). Stuttgart: Urachhaus, 1999.

Wijnhof, C.S.N. *Merkwaardigheden met betrekking tot De expressiemogelijkheid van getallen ook in de oudheid* (Considerações relativas à possibilidade de expressão dos números, também na Antiguidade). Emmen (NL), 1924.

LIVROS DE AUTORIA DE J. VAN RIJCKENBORGH

- O advento do novo homem
- Análise esotérica do testamento espiritual da Ordem da Rosa-Cruz
    - Vol. I: O chamado da Fraternidade da Rosa-Cruz
    - Vol. II: Confessio da Fraternidade da Rosa-Cruz
    - Vol. III: As núpcias alquímicas de Christian Rosenkreuz - t.1
    - Vol. IV: As núpcias alquímicas de Christian Rosenkreuz - t.2
- Christianopolis
- Filosofia elementar da Rosacruz moderna
- A Gnose em sua atual manifestação
- A Gnosis original egípcia - tomos I, II, III e IV
- A luz do mundo
- O mistério da vida e da morte
- O mistério das bem-aventuranças
- O mistério iniciático cristão: Dei Gloria Intacta
- Os mistérios gnósticos da Pistis Sophia
- Não há espaço vazio
- Um novo chamado
- O Nuctemeron de Apolônio de Tiana
- O remédio universal

LIVROS DE AUTORIA DE CATHAROSE DE PETRI

- 24 dezembro 1980
- O Verbo Vivente

Série das Rosas
- Transfiguração · Tomo I
- O selo da renovação · Tomo II
- Sete vozes falam · Tomo III
- A Rosacruz Áurea · Tomo IV

Livros de autoria de J. van Rijckenborgh e Catharose de Petri

- O apocalipse da nova era
  - A veste-de-luz do novo homem · vol. i
  - A Fraternidade Mundial da Rosa-Cruz · vol. ii
  - Os sinais poderosos do conselho de Deus · vol. iii
  - A senda libertadora da Rosa-Cruz · vol. iv
  - O novo caduceu · vol. v
- Série Pedra Angular
  - O caminho universal
  - A Fraternidade de Shamballa
  - A Gnosis universal
  - A grande revolução
  - O novo sinal
- A Gnosis chinesa
- Reveille!

Karl von Eckartshausen

- Algumas palavras do mais profundo do ser
- Das forças mágicas da natureza

Mikhail Naimy

- O livro de Mirdad

Antonin Gadal

- No caminho do Santo Graal

Série Cristal

- 1 - Do castigo da alma
- 2 - Os animais dos mistérios
- 3 - O conhecimento que ilumina
- 4 - O livro secreto de João
- 5 - Gnosis, religião interior
- 6 - Rosacruzes, ontem e hoje
- 7 - Jacob Boehme, pensamentos
- 8 - Paracelso, sua filosofia e sua medicina atemporais
- 9 - O Graal e a Rosacruz
- 10 - A rosa e a cabala

Outros títulos

- O evangelho dos doze santos
- Trabalho a serviço da humanidade
- O caminho da Rosacruz no dias atuais

IMPRESSO PELA GRAPHIUM A PEDIDO DO
LECTORIUM ROSICRUCIANUM EM MARÇO DE 2013